JN075133

『学び合い』が機能する学級経営

進め方・考え方・あり方で示す60の事例

阿部隆幸 編著

●『学び合い』が機能している（認め合い、助け合い、自ら学び合っている）学級づくりを進め方・考え方・あり方で伝授！

G 学事出版

はじめに

　子どもたちが学習課題に向かって生き生きと活動する授業を参観したときによく交わされる言葉に、「学級経営が素晴らしいから」があります。

　にも関わらず、校内の研究テーマに「学級経営」が掲げられている話をあまり聞いたことがありません。しかし、今後は**「学級経営」を前面に押し出して授業を含めた学校教育活動全体を考えていく必要**があります。

　第1に、平成29年告示の小学校学習指導要領の重要な考え方の1つに**「主体的・対話的で深い学び」**があるからです。この言葉の出発点となった「アクティブ・ラーニング」も含めて、この先には**「汎用的能力の育成」**があります。この力は、日常社会の中で生かすことができることにポイントがあり、学校教育の中ではミニ日常社会とも言える（授業も含めた）学級生活で活用できることがますます求められていると言えます。

　第2に、同じく学習指導要領で記された「育成を目指す資質・能力の3つの柱」の1つに**「学びに向かう力・人間性等」**が取り上げられたからです。平成28年12月に中央教育審議会が公表した「幼稚園、小学校、中学校、高等学校及び特別支援学校の学習指導要領等の改善及び必要な方策等について（答申）」では、「教科等における学習指導と生徒指導とは、目指すところがより明確に共有されることとなり、更に密接な関係を有する」とされ、「学習指導と生徒指導とを分けて考えるのではなく、相互に関連付けながら充実を図ることが重要であり、そのことが、前述した学級経営の充実にもつながる」としています。言わば、テスト学力の先にある、先の学習指導要領から言われている「生きる力」をより強調しているのです。

　第3に、Society5.0社会（超スマート社会）に向かっているからこその**「人間同士がつながることの必要性」**からです。AI、ICT、EdTech、そしてGIGAスクール構想に代表されるテクノロジーが令和3年のコ

ロナ禍にあってますます注目を浴びています。これらが普及し、生活や学習に必需になればなるほど人間力（人間だからこその力、人間にしかできない力）が必要になります。その1つが多様な人たちと対話しながらよりよい社会を創造していこうとする意思や行動でしょう。

　書店には、「学級経営」や「学級づくり」に関する書籍が毎年たくさん並んでいますが、この3つを意識した「学級経営」の本が必要だと考えて本書を企画しました。

　「あり方」を共有する仲間と執筆した本です。共有する「あり方」とは本書のタイトル通り『学び合い』のことを指します。本文にも書いていますが、『学び合い』に関連する書籍や論文は多数あります。しかし、「学級経営」と意識的に結びつけて書いているのは、本書が初めてです。

　『学び合い』のことを少しでも知っている方ならご存知の通り、『学び合い』は技法や技術、目的ではありません。「考え方」と言われています。このスタンスを「学級経営」と絡めてどのように文章で表現するか迷いました。今回、私たちは「進め方」「考え方」「あり方」という見出しで著すことで読者の皆さんに具体的で、かつ、汎用的一般的に活用できる『学び合い』を背景にした「学級経営」を紹介できるのではないかと考えました。

　本書の中心は、第2章の60の具体的事例の紹介です。学級経営で対面しがちな問題場面、うれしい場面や困るであろう場面など『学び合い』のスタンスであればこのように立つだろう、考えるだろう、進めるだろう、ということを文章に表しました。学校現場で使えるものであると自負しています。ぜひ、いつも手元においてボロボロになるまでご活用ください。

　　　　　　　　　　　　　　　令和3年2月　　　編著者　阿部隆幸

『学び合い』が機能する学級経営
進め方・考え方・あり方で示す60の事例
《もくじ》

第2章
60の事例でわかる！
『学び合い』が機能する学級経営
～生活場面・学習場面・特別活動、保護者、同僚その他～…29

【生活場面】

第3章　座談会
『学び合い』が機能する学級経営とは……151

第1章

『学び合い』
と
学級経営

『学び合い』が機能する学級経営とは

 ## 『学び合い』が機能している学級風景例

　とある教室へ入りました。授業合間の休み時間です。

　子どもたちは１人で、２人で、グループで……と各自思い思いの過ごし方をしています。

　例えば、自分の机でお絵かき帳に絵を描いている子。絵に興味をもった子が何やら声をかけて絵を指差し話しかけています。２人ともなにかのツボにはまったのか大笑いし始めました。近くでは本の世界に１人没頭している子がいます。周りの騒々しさが気にならないようです。その対角線にはサッカーのスポーツ少年団仲間たちでしょうか。昨日の練習が思い出深いようで、そのときのやりとりをおおげさに再現しながら笑顔でおしゃべりが進んでいます。

　それぞれに共通しているのは、表情が自然なこと。皆、穏やかで柔らかい仕草であることです。

　授業開始のチャイムが鳴りました。

　各自、自分の席に着きます。先生からの話を少しの間聞いた後、あれあれあれ……。なんだか、先ほどの休み時間のような教室風景になりました。そうです。子どもたちは１人で、２人で、グループで……と各自思い思いの過ごし方をしているように見えるのです。

　もう少し、視点を絞って近づいてみますと、先ほどの休み時間との違いが見えてきました。

　まずは、子どもたちの会話の内容が違います。２人で絵を指して話していた子たちも、１人で夢中になって本を読んでいた子も、グループでからだ全体で表現しながら話していた子たちも思い思いの内容ではなく、授業の課題に沿った内容の話をしていたのです。それは、互いが授業目標に向かって取り組んでいる姿でした。

　次に、子どもたちの組み合わせが休み時間とは異なりました。同じグ

ループや同じペアの子たちもいましたが、休み時間は一緒ではなかった子たちがペアやグループになったり、休み時間は友だちと過ごしていた子が1人で取り組んでいたりしました。

　これらの違いがあるにも関わらず、パッと見た感じでは、休み時間と変わりなく見えたのです。それは、子どもたちの表情が自然で皆、穏やかで柔らかい仕草であること、授業が始まっても教室内には自由な空気があること、しかしかといって、自分勝手で他者に迷惑をかけるような振る舞いは見られず、1人1人の意思が尊重されているからでしょう。

　休み時間であろうと授業時間であろうと、または、児童会活動や学校行事などの特別活動の時間であろうと、清掃や給食、登下校など学校の教育活動全体や日常生活に至るまで、お互いの自由を認め合い、ゆるやかなつながりの中、でもいざ誰かが困っていることを知ったら、または見つけたら自分（たち）のできる範囲で寄り添い、認め合い、助け合う……そういう姿を私たちは**「『学び合い』が機能している学級」**と呼んでいます。

　本書を手にしてくださっている多くの読者は、この姿に同意すると同時に、このような学級経営を進めていくにはどうすればよいかヒントを得たいと思っていることでしょう。ぜひ、その方たちには本書をいつも手元に置いていただき、ボロボロになるまで使っていただけたらと思います。すぐにでも本書第2章の数多くの事例をお読みください。ここには皆さんが学校教育活動を通して目の当たりにするであろう60の事例を取り上げて、「『学び合い』が機能する学級経営」に浸っていく様子を「進め方、考え方、あり方」という視点で説明しています。その後、第1章を読んでもらえると「『学び合い』が機能する学級経営」の構造をより理解してもらえることと思います。

　しかし、もしかしたら休み時間はともかく、授業時間が休み時間のような風景に見えるというのはありえないし、不届きだと思って眉をひそめる方もいらっしゃるかもしれません。その方は、この第1章からお読みください。子どもたち目線に立った授業を考えること・学級経営を進

めることが大切である理由が書いてあります。そして、その具体的な形の１つとして「『学び合い』が機能する学級経営」を説明しています。

　社会は、もう何年も前からサービスの「送り手」側中心から「受け手」側中心へと考え方が転換しています。しかし、学校の中だけがなぜか「送り手」側中心の考え方が残存しているのです。

　平成29年３月に告示された学習指導要領においても、Society 5.0[1]という流れからも、コロナ禍以後も先行きが不透明な世の中が続くという状況を鑑みても、子どもたち全員が一斉に前を向いて教師の話を聞き続ける授業の形が当たり前という考え方は、変えていく姿勢が必要です。今と未来の学校教育を生きていく皆さん、ぜひ読み進めてください。

 ## 本書での学級経営のとらえ方

　皆さんは「学級経営」と聞いてどんなイメージをもつでしょうか。

　よく「学級経営が苦手です」「学級経営は全ての根幹だね」「学級経営がいいからこんな素晴らしい授業ができる」など教員間では日常用語として使われています。しかし、教育用語にありがちですが、「学級経営」という言葉から各々が様々なことをイメージします。ここでは、「学級経営」について少し整理をしてみましょう。そして、本書で用いている「学級経営」の意味を方向づけしておきましょう。

　「学級経営」という言葉からなぜ、教員は各々、別のイメージをもってしまうのでしょうか。白松賢氏は次のような図を用いて学級経営の範囲を示し、それは「学級における担任の全ての仕事に関わる用語だから」[2]と述べています。

　それでは、文部科学省では「学級経営」をどのように説明しているの

＊１　狩猟社会（Society 1.0）、農耕社会（Society 2.0）、工業社会（Society 3.0）、情報社会（Society 4.0）に続く新たな社会がSociety 5.0で、サイバー空間（仮想空間）とフィジカル空間（現実空間）を高度に融合させたシステムにより実現すると言われている（内閣府HP 参照　https://www8.cao.go.jp/cstp/society5_0/）。
＊２　白松賢『学級経営の教科書』東洋館出版社、2017年、15頁。

でしょうか。学習指導要領ならびに学習指導要領解説をみてみますと、残念ながら明確な説明はなされていないことがわかります。

　例えば、「小学校学習指導要領解説　総則編（平成29年7月）」には「学級経営」という言葉は17回登場します。しかしそれは、目次や見出し言葉の羅列（文章の流れの中に当たり前の用語として使われている）ばかりです。小学校学習指導要領解説の中で最も「学級経営」という言葉が登場するのは特別活動編で36回です。その多くは総則編と同様に学級経営を説明する文脈で使っていません。た

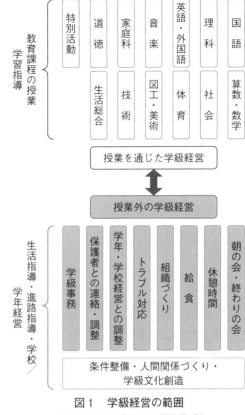

図1　学級経営の範囲
（白松（2017）をもとに筆者作成）

だし学級経営の意味を想像できそうな「学級経営の内容」「学級経営とは」「学級経営には重要」という言葉が登場します。これらの部分を整理すると、文部科学省は学級経営に以下のような役割を期待していることがおぼろげながら見えてきます。

・学級集団としての質の高まりを目指す

・教師と児童、児童相互のよりよい人間関係を構築する

・学級で教育活動をうまく行うために必要な学級の整備

・生活の充実や向上、人間関係について考えること

改めて皆さんに問います。皆さんが「学級経営」という言葉を使うとき、上の4つのどれをイメージして使っていますか。それともこれ以外の使い方をしていますか。本書では、学級集団としての質の高まりを目指しつつ、より「教師と児童、児童相互のよりよい人間関係を構築する」ところに焦点を絞った学級経営という文脈で話を進めていきます。

　自分と異なる他者が存在する空間（学級）で1日の多くの時間を過ごすわけです。共に過ごす他者との関係が良好であれば毎日気分よく過ごすことができるでしょうし、授業を含めた学校教育活動に真剣に取り組める可能性が高くなるでしょう。その先に、子どもたちの成長を見込むことができます。

　私たちは、良好な人間関係の構築に向けて『学び合い』を重ねることで、教師も児童も自分と異なる他者と一切矛盾なく過ごしていけるのではないかと考えています。

そもそも『学び合い』とは（『学び合い』再考）

　本書で呼ぶ『学び合い』とは、上越教育大学の西川純先生を中心に西川研究室で発見し、実践研究を重ね、理論化して全国に広がっているものを指します。学校教育関係で日常的な会話で使われる「今日の授業で子どもたち、いい学び合いをしていたね」のような意味の「学び合い」と区別するために『学び合い』と二重かぎ括弧で表現します。

　西川純・荻原恵美（2001）の『学び合い』の仕組みを発見した論文を出発点[3]として、関連した書籍[4]、学術論文が多数あり、研究会やセミナーが各地で盛んに開催されています。

　具体的に『学び合い』のイメージをもってもらう本として、西川純『資質・能力を最大限に引き出す！『学び合い』の手引き　ルーツ＆考

＊3　西川純・荻原恵美「継続的観察を基にした理科学習集団形成に関する事例的研究」『科学教育学会』第24号、日本科学教育学会、2001年、122〜130頁。
＊4　例えば、水落芳明・阿部隆幸『成功する『学び合い』はここが違う！』学事出版、2014年。

え方編』（明治図書、2016年）があります。その本では『学び合い』の考え方の基本が以下のように書かれています[*5]。

> 　『学び合い』の考え方の基本は２つです。教育の多くの建前論とは違って、この考え方が当人の腑に落ちているか、いないかが『学び合い』の成否に決定的に影響します。
>
> 　第一は、「学校は、多様な人と折り合いをつけて自らの課題を達成する経験を通して、その有効性を実感し、より多くの人が自分の同僚であることを学ぶ場」であるという学校観です。
>
> 　第二は、「子どもたちは有能である」という子ども観です。
>
> 　このたった２つの考えから『学び合い』の授業は導かれます。

　従来の『学び合い』関連の研究や実践は主に「授業」に関するものでした。それは『学び合い』の研究の出発点が授業であること、「学び合い」という音の響きが授業でのやり取りを想起させることが主な理由でしょう。ここで私たちは、**「授業」だけでなく「学級経営」に広げて『学び合い』を適用することを提案**します。

　そもそも「考え方の基本」として挙げている「学校観」「子ども観」は最後の文章に「『学び合い』の授業」と書いてはいるものの、「授業」場面だけとは規定していません。学校の見方、子どもの見方を書いています。これを授業だけのことと解釈して、授業時間だけに当てはめて進めていくと教師も子どもたちも学校生活が狭苦しく感じます。

　加えて、授業のときは上の２つの「学校観」「子ども観」で進めるけれども、他の場面では別の「学校観」「子ども観」で子どもたちに接するとなってしまえば、子どもたちにダブルスタンダード（異なる２つの規準）を与えることになってしまい混乱します。

　実際、『学び合い』に限らず学校内において、「授業場面では○○のように指導したし振る舞ったけれども、授業外の休み時間や清掃の時間な

＊5　西川純『資質・能力を最大限に引き出す！『学び合い』の手引きルーツ＆考え方編』明治図書、2016年、82頁。

どでは○○ではなく△△のような指導や振る舞いをしている」ということを見たり聞いたりするときがあります。

　子どもたちが落ち着かない学校や学級は、教師の指導や学校の制度そのもののダブルスタンダードを肌で感じ、無意識に言葉や身体でその違和感を抵抗という形で表現しているのかもしれません。教師である自分自身や子どもたちを混乱させないためにも一貫した見方で進めていきましょう。そして一貫したものとして『学び合い』を取り入れるのです。先ほどの白松氏の図を参考に、私なりに編集すると以下のようになります。

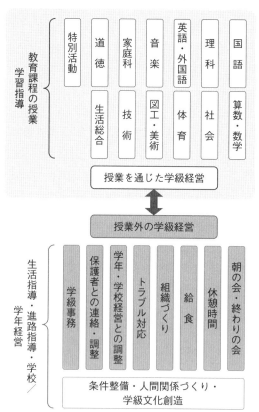

図2　狭義の『学び合い』（授業とそれ以外で区別する）
（白松（2017）をもとに筆者作成）

18

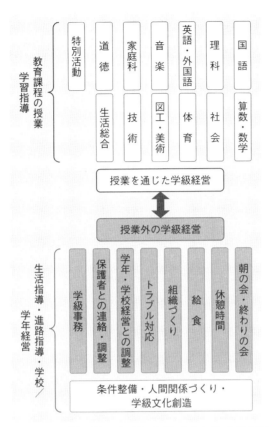

図3　広義の『学び合い』（全て同じように見て接する）
（白松（2017）をもとに筆者作成）

『学び合い』と学級経営の関係

　『学び合い』が「授業」だけでなく、「学級経営」にも広げて当てはめられることは説明しました。では、『学び合い』を授業も含めた学級経営に広く当てはめていくことは、今後どのような意味をもつのでしょうか。

　今の世の中は、VUCA（ブーカ）の時代と言われます。VUCAとはV = Volatile（不安定）、U = Uncertain（不確実）、C = Complex（複雑）、A = Ambiguous（曖昧）という、今日の社会を特徴づける4つの

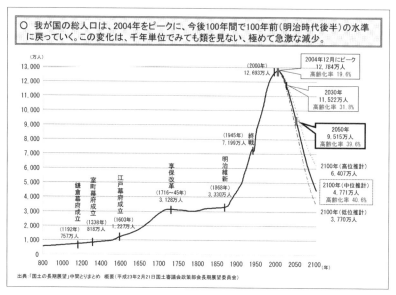

○ 我が国の総人口は、2004年をピークに、今後100年間で100年前（明治時代後半）の水準に戻っていく。この変化は、千年単位でみても類を見ない、極めて急激な減少。

（万人）

2004年12月にピーク
12,784万人
高齢化率 19.6%

2030年
11,522万人
高齢化率 31.8%

2050年
9,515万人
高齢化率 39.6%

（2000年）
12,693万人

（1945年）終戦
7,199万人

明治維新

2100年（高位推計）
6,407万人

2100年（中位推計）
4,771万人
高齢化率 40.6%

2100年（低位推計）
3,770万人

享保改革
（1716〜45年）
3,128万人

江戸幕府成立
（1603年）
1,227万人

室町幕府成立
（1338年）
818万人

鎌倉幕府成立
（1192年）
757万人

（1868年）
3,330万人

出典「国土の長期展望」中間とりまとめ　概要（平成23年2月21日国土審議会政策部会長期展望委員会）

図4　人口推計

形容詞の頭文字を合わせた言葉です[6]。感染症の世界的蔓延や政治的、社会的不安定な状況において「これをやっておけば安心」といった大勢が認める絶対的な正解はもはや存在しません。この状況に対して「21世紀型スキル」とか「21世紀型コンピテンシー」など新たな見方・考え方をもとにする資質・能力の育成やそれに伴う評価が求められています。

　加えて、日本国内を見てみますと人口の急減が予想されます（図4参照）。このことに政治経済、社会は早急に対応をしていく必要があります。もちろん学校教育もそうしなければならないでしょう。

　しかし、実際はどうでしょうか。人口増加を前提とした確固たる正解らしきものを素早く答える、正しく答える、頭に覚えるという教育（授業や学級経営）を未だにし続けてはいないでしょうか。

　白水始氏は『人はいかに学ぶか』という本[7]に書かれている「学習観のコペルニクス的転換」という表現を右のような図を用いて著者なり

＊6　山口周『ニュータイプの時代 新時代を生き抜く24の思考・行動様式』ダイヤモンド社、2019年。

＊7　稲垣佳世子・波多野誼余夫『人はいかに学ぶか』中公新書、1989年。

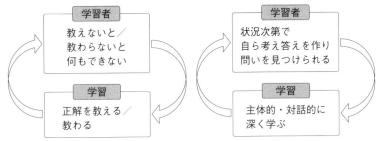

図5 学習者観・学習観の「天動説」（左）と「地動説」（右）[8]
（白水（2020）をもとに筆者作成）

に解釈し表現し直しています。

　本書ととても関連する内容ですので、この部分の文章を少し長めですが以下に引用し紹介します。

> 　はたして教師は、学習者を「正解を与えないと何もできない存在」と見て、「正解を教えすぎる授業」をしていたところから、学習者を「状況次第で自ら学ぶ力を発揮する存在」と見て、その潜在力を引き出す状況をデザインしようとするところに変わってきているのでしょうか。
>
> 　学習者は、学習のプロセスを「教わらないと何もできない」けれど「正解がわかればおしまい」と考えているところから、「教わらなくても問題の糸口は見える」し、「ある程度納得できる答えが見えてきたら、そこから次の学びがはじまる」と考えるところに変わってきているのでしょうか。[9]

　新学習指導要領実施に伴い「主体的・対話的で深い学び」という学習観は教育界に浸透していることでしょう。しかしその学習観と連動する学習者観が「教えないと／教わらないと何もできない」という「観」のまま子どもたちに接している方はまだまだ多いのではないでしょうか。

＊8　白水始『「対話力」仲間との対話から学ぶ授業をデザインする！』東洋館出版社、2020年、272頁。
＊9　前掲書（＊8）272頁。

まずは、子どもたちに接する私たちから変わっていかなければなりません。そして、この「学習者観」と「学習観」は先述した『学び合い』の考え方の基本（学校観、子ども観）と深くつながっていることがおわかりいただけるでしょう。

　これらを「授業」という狭い範囲で考えるのではなく、授業も含めた「学級経営」という広い範囲で考えていくのです。『学び合い』を授業のときだけの考え方とするのではなく、学校教育（学校生活）全般に通じる考え方として教師も子どもたちも考えていくことで、1本芯をもった考え方で進めていくことができます。

　学校現場でありがちな、授業の中では確かにそのようなまとめや結論をしたけれども、休み時間の対応などはそのようにしない（できない）ということ（これは生活と授業が逆の場合も生じますが）が少なくなります。つまり、ダブルスタンダード（授業と授業外とのズレ）の解消です。

　「授業」と「学級経営」の関係について、白松賢氏は「教科の授業でも学級経営は可能」と言ってきた先生方の声を整理しています。そういう先生方は、「『教科の授業』のための学級経営を重視」し「学級を整備することで学習指導のために児童生徒をいかにコントロールできるかが学級経営の技術」[10]だと捉えられてきたと紹介しています。

　これは、旧来（つまりは天動説）の学習者観・学習観を根底にもつ教師が抱きやすい「授業」と「学級経営」の関係と言えるのではないでしょうか。

　一方、『学び合い』を根底にもつ教師は「授業」のための「学級経営」という見方をしません。全体的に、学校教育活動の全てを『学び合い』の考え方の基本（学校観、子ども観）で進めていきます。

　これは、誤解を恐れずに言えば、「授業のための学級経営」を考えて授業でしか通用しないルールを授業が（教師にとって）心地よく進むために他の学校生活部分にも適用させようとする方向性とは逆の考えです。

---

*10　前掲書（＊2）17頁。

社会においても心地よく生活していくことのできる『学び合い』の考え方を、学校生活部分だけでなく、授業にまでも浸透できれば、子どもたちに風通しのよい学習環境を提供することができると考えるわけです。

教師にとっても、『学び合い』の考え方で授業を含めた学校生活に対応したり、計画したりすればよいことになり、考え方がシンプルになるので学校教育活動を進めやすくなります。

また、『学び合い』はインクルーシブ教育とも親和性が高いのも特徴の1つです。阿部利彦氏は次のような2つの図を用いて「平等（equality）」と「公平（equity）」について説明しています[11]。

図6　平等（equality）　　　　図7　公平（equity）

その中で阿部氏は次のように言います。

> 先生方の多くは、子どもたち皆に「平等（equality）」に接したいという思いを持っている。クラスの生徒全員を分け隔てなく大事にしたいという気持ちは理解できる。
> ところが、そこを追求するあまりに、平等ではあるが公平ではない扱いを生徒たちにしてしまうことがある。

個々人の学習者に視点を置くということ、つまり学習者中心に配慮や支援を行うということは、「公平」の立場を大切にするということです。しかし、「公平」の立場で振る舞うと（阿部氏も同様のことを書いていますが）、「公平」で接することを当然と思っていない人、合意していな

---

[11]　阿部利彦「インクルーシブ教育と学級崩壊」『授業づくりネットワーク No.36（通巻344号）』学事出版、2020年、34-39頁。イラストは、同誌 No.37、51頁より。

い人たち（管理職、同僚、保護者、そして学級の子どもたちなど）は、「あの子ばかり特別視してずるい」とか「努力する姿勢を忘れて怠けるのではないか」と見ることがあります。「公平」の立場を大切にして、物事を進めていく場合、このように接することは公平なのだろうかと自分自身に問いかけるとともに、周囲にも公平に接することがよりよいと思ってもらえるような働きかけや環境づくりをしていく必要があります。

『学び合い』では、もともと「公平」を大切にする視点があるため、『学び合い』の考え方で物事を進めていくと、公平な振る舞い方をすることが多く、他者から公平の考え方を見聞するときも「それって『学び合い』の考え方に重なるので自分の教育観と違和感がない」と受け止めることができるでしょう。

本書の第2章では、具体的に『学び合い』の考え方で接していく「学級経営」場面を具体的に60場面取り出して紹介していきます。実際に具体を読んでもらうことで、ここで説明した「地動説」を背景に接していること、「公平」を大切にして接していることと『学び合い』がとても親和性が高いことに気づいてもらえることでしょう。

▶「進め方」「考え方」「あり方」について（第2章の読み進め方）◀

第2章では、60の学級経営で対面しがちな問題場面、困るであろう場面、そしてよい場面も含めた印象に残る場面を取り上げ、そのような場面に対し、『学び合い』で対応した場合、どのようになるのかという事例を「進め方」「考え方」「あり方」という3つの見出しを立てて紹介しています。

この「進め方」「考え方」「あり方」という見出しの立て方は、本書独自だと思いますので、この意図を説明します。

『学び合い』の考え方の基本を書いた文章を再度引用します。

「『学び合い』の考え方の基本は2つです。教育の多くの建前論とは違って、この考え方が当人の腑に落ちているか、いないかが『学び合い』の成否に決定的に影響します」です。

　ここには、『学び合い』の技術や型のようなものは書いていません。『学び合い』は方法論や技術論ではないのです。しかし、世に出ている『学び合い』関連の書籍からいくつかの実践例を読んでいくと、ある程度定型のようなものが見えてきます。

　「学び合い」という言葉の響きに魅力を感じ、自分の教室で子どもたちを「学び合わせたい」と考える人はすぐにこの「定型」に子どもたちを当てはめようと考えます。方法や技術を知りたがります。型に当てはめようと子どもたちに指示したり、誘導したりします。結果、『学び合い』にならず学級が混乱します。これでは「学び合わせ」となってしまいます。

　意義、意味、価値そして目的があった上で方法や技術があります。これらは切っても切れないワンセットです。学校現場では「とにかくやらせたい」「できればいい」と子どもたちに型を示したり、指示を出したりするだけのケースを目にします。

　「なぜやるのか」「それをやることにどんな意味があるのか」「どこがゴールか」などを知らずに子どもたちの主体性、自主性は育ちません。加えて、それでは直接目の前で示している方法や技術に興味をもてず、会得することもできません。

　また、だからといって意義、意味、価値、目的だけを示して放任したのでは、言葉やふるまいだけはなにか重みがありそうに感じさせたり思わせたり、身構えさせたりするだけで子どもたちの行動や心情になんの変化も表れません。実際はともかく口先だけで教室空間に一体何を持ち込もうとしているのかわからない先生だと、子どもたちから評価されます。

　そこで、私たちは第2章で紹介していく『学び合い』が機能する学級経営の60の事例を、1つの事例ごとに「進め方」「考え方」「あり方」という3つの項目に分けて書くことにしました。「意義、意味、価値、目的」といった内面的なものだけを示して終わりということにせず、かといって「方法、技術」といった外面的なものだけを示すのではなく、両面を示すと同時に、これらの関係性を示すことで本書を手にした方が実

践的に活用できるのではないかと考えたのです。

　「進め方」「考え方」「あり方」をイメージで表すと図8のようになります。

　「進め方」では、ある状況において教師がどのような言動をとるかという部分に焦点を当てて説明しています。ここでいう言動とは、「対応」「指導」「助言」「支援」「環境づくり」などです。方法や技術と置き換えてもいいかもしれません。何かしらの出来事が生じた場合、それに対することを頭の中で妄想するだけではなんの変化もおきませんし、なんの影響も与えません。そこには言葉が必要になりますし、行動が伴って初めてなんらかの反応が生じます。それが「進め方」です。

　「進め方」は、目に見えるものです。すぐに結果が確認できるように感じます。進め方によっては、効果の有無が大きく感じられ、どのような進め方をすればよいかという方法論、技術論ばかりに注目してしまう方がいます。早く結果を求めたくて「進め方」だけをああでもないこうでもないと試行錯誤するケースもよく見ます。しかし、「進め方」はあくまでも「進め方」であり、それだけに深い意味はありません。「考え方」「あり方」と結びつけることで初めて意味をなします。

　「考え方」「あり方」とは、その事例での教師の言動（進め方）に対する理由（意義、意味、価値、目的等）のことです。経験の浅い教師や教育効果を深く考えないで指導に当たっている教師などに、「進め方」と「考え方」「あり方」の乖離が見られるときがあります。

　例えば、「無言で清掃をする」（進め方にあたります）という指導があります。この理由を考えずに指導を続けると、清掃時間の終わりの反省の場面で教室にまだたくさんゴミが残っているにも関わらず、「今日は、おしゃべりをしないで清掃ができたのでとてもよかったです」というような反省が続くようになります。本来は、効率的に教室をきれいにするための手段の1つとしての無言清掃だったはずです。しかし、「無言」というところだけを強調した結果、目的（本書でいう「考え方」「あり方」）と手段（本書でいう「進め方」）が逆転して手段が目的化してしまいます。子どもたちばかりか、教師たちも不感症になっているときがあ

ります。

「考え方」「あり方」を実現するために、「進め方」があります。目の前で行っている「進め方」は求めている「考え方」「あり方」がもとになっているのです。くどくてすみません。本書は、ここがとても大切な部分なので繰り返し強調しています。

図8 「進め方」「考え方」「あり方」のイメージ

では、「考え方」と「あり方」にはどんな違いがあるのでしょうか。実は執筆している私たちにもここに明確な線引はありません。概念的に説明するのであれば、「考え方」をより「一般化」「汎用化」したものが「あり方」となります。もう少し、具体的な言葉で説明しようと試みれば、「あり方」とは、その「考え方」に至る「立ち位置」とか「規準」のようなものです。「一般化」「汎用化」ですから、60の事例のこの部分だけを取り出して読んでいくと、どの事例も代わり映えしない感じに受け取られてしまうかもしれません。しかし、それだけ根本的なものにつながるものであると思ってください。そして、この「あり方」が「考え方」「進め方」とどのようにつながっているのかという目線で読んでいけば納得してもらえると思います。

私たちは目の前の出来事に対して「考える」というワンクッションを置かずに、本能的に反応してしまうことがあります。その本能的に反応してしまう奥底の部分と「あり方」が重なる部分が大きいと捉えてもらってよいです。ただその場合、「生まれつき（所与)」のものだと受け取られると危険です。DNA上、性格上『学び合い』ができる人とできない人に分かれてしまい、努力等ではどうにもできないものとなってしまうからです。そうではなく、今までの経験や体験を通して自然にそのように受け取ったり、振る舞ったりするようになるものと考えてもらえればよいです。

もともと『学び合い』の「あり方」と自分の根っこの部分が重なる方

にとっては、今まで通り存分にありのままで状況に対し、接していけば
よいわけです。しかし、そうではない人はどうすればよいでしょうか。
その方々のために本書があります。いつも手元において、似た事例、状
況と重ね合わせて繰り返し「進め方」「考え方」「あり方」を噛み砕いて
読み直し、実践し直していってください。そうすることで、「あり方」
が「上書き保存」されます。自然に『学び合い』のあり方で事象を受け
取ったり、振る舞ったりできるようになります。

　最後に、再度「進め方」の部分を取り上げて詳しく説明します。各事
例は「進め方」「考え方」「あり方」と３つの見出しを立てていますが、
どの事例も「進め方」に多くの分量を取っています。

　それは、「考え方」「あり方」があっての「進め方」なのですが、実際
に目に見えて影響を与えるのは「進め方」であり、その部分を丁寧に説
明して読者に実践のイメージを具体的にもってもらいたいという意図か
らです。

　また、多くの事例は、「進め方」を「『学び合い』初期」「『学び合い』
中期」「『学び合い』成熟期」のように時系列で分けるなどして学級（学
校）の様子が良好に展開していったケースを描いています。これは、学
級経営を点ではなく線や面で考えてほしいという意図が第１の理由です。

　忙しいとき、頭が混乱しているときなどは、その時々をやり過ごした
いという気持ちだけで対応しがちですが、よりよくなる未来の状況を頭
にイメージしながら対応することで、教師である自分自身が落ち着いて
振る舞えると同時に、相手（子どもたちや保護者、同僚、管理職など）
に対しても安心した場を提供することができます。

　第２の理由としては、自分の学級が今、どの位置にいるのかを判断
し、その状況に応じて対応してほしいということからです。子ども１人
１人は多様なのと同様に、学級１つ１つも多様です。事例には目安とし
て「４～５月」のような具体的な月を記載しているものもありますが、
それらは１つの例として受け取っていただき、自分の学級がどの状況に
あるのかと照らし合わせながら適宜対応していってほしいと思います。

（阿部隆幸）

第2章

60の事例でわかる！
『学び合い』が機能する
学級経営

～生活場面・学習場面・特別活動、
保護者、同僚その他～

学級目標に基づいた日常的なフィードバック

その考え
いいね!!

星学級
(スター)

| 対象：全校種・全学年 |

🗨 進め方

　新年度のスタートにあたり、「皆さんは『この学級がとっても楽しくてステキな学級だ！と思う人が27人（担任を含めた学級全員の人数）中、26人の学級』と『この学級が嫌だなぁと思う人が１人もいない学級』のどちらを目指しますか？」と投げかけます。子どもたちは後者を目指すはずです。そこで「『この学級が嫌だなぁと思う人が１人もいない学級をみんなで目指していくぞ！』という願いをこめた学級目標を考えてください」と促します。（ちなみに今年度（2020）は「星学級(スター)」と決まりました。星の色が１つ１つ違っているように、学級のみんな１人１人がキラキラと輝いてほしい。そして１人１人がつながって色々な星座をつくりたい。そんな願いが込められているようです。）

　学級目標が決まったら、授業中や休み時間など、あらゆる機会を通して子どもの様子をよく観察します。そして、学級目標に照らして見つけた子どものよい姿（例えば、主体的に交流したり、友だちと交流する中で課題を解決できたりした姿）を「その考え、いいね。輝いているね！」「○○さん、ありがとう。うれしいなぁ」などと称賛することで、互いの関わりのよさに気づかせていきます。このように、フィードバックを繰り返していくことで、学級目標のイメージ（具現化した姿）を子どもたちと共有できるようにします。学級目標のイメージが共有できたら、子どもたち自身で振り返る場を設定します。振り返りの場は、授業中とは限りません。帰りの会のプログラムの１つとして、１日の出来事を学級目標に照らして振り返り、互いに発表し合ったり、学級目標に向かって頑張っている友だちを紹介し合ったりすることなどが考えられます。また、学級活動などで、学級の様子について振り返って話し合う場の設定も必要です。「学級力」*1などの客観的な指標もあるとよいでしょう。

明らかになった学級のよさと課題を共有し、「もっとよい学級にするため」の取組について話し合い、決めたことを実践していくといったサイクルを積み重ねていきます。学年末には、学級の変容や個々の成長を認め合う場を設けます。「この学級の一員で本当によかった」「また、来年もエンジン全開で頑張ろう！」といった振り返りがあるとうれしいですね。

考え方（及び指導スタイル）

「なかなか目標に向かって学習できていないな……」「子どもたちの交流の範囲が限定されていて……」。学級目標が決まったものの、子どもたちが学び合う姿を見ていると様々な悩みが浮かんできます。そして、どのように声をかけていけばいいのか戸惑ってしまうこともあるでしょう。

そんなとき、大切にしたいのが学級目標に基づく日常的なフィードバックです。子どもたちの様子をよく見取り、評価・フィードバックをしていくことの繰り返しがよりよい学級づくりにおいても授業づくりにおいても要となります。学級がチームになって目標達成に向かう集団をつくるためには、毎日の生活のあらゆる場面で学級目標について振り返ることが大切です。

また、教師によるプラスの評価に加えて、子どもたち自身によるフィードバックを続けていくことが、目標の達成に近づく手だての1つとなり、子どもたちの生き生きとした活動の原動力になっていくのだと思います。

あり方

教師の役割は、目標を明確にし、達成状況を正確に評価してフィードバックすること、状況に応じて必要な情報を与えることだと言えます。その拠りどころになるのが「学級目標」です。学級目標の設定、そして学級目標に基づいた評価・フィードバックを愚直に積み重ねていくことが大切です。

(久能潤一)

＊1　「担任一人ががんばって学級を作るのではなく、子どもと理想を共有し、一緒になって温かい学級を作っていくこと」を目指し、「子どもの支持的な学級風土を作っていこうとする力」（新潟大学教育学部附属新潟小学校初等教育研究会「附属新潟式学級力の取組」（https://www.fuzoku-niigata.jp/gakyu/）より）

子どもを無理につなげようとしない

対象：小学校高学年

進め方

『学び合い』初期

　『学び合い』の初期では、仲のいい友だち同士や同性同士の関わり合いが中心になります。安心感のもてる友だちとの中で、自分の思いや考えを伝えることが多いです。

　仲間内だけでの意見交流の姿も受け止めながら、「自分とは違った考えの人が見つかるといいね」「普段話さない人に一歩踏み出して声をかけてみるって素敵だね」と交友関係を広げている様子に価値づけしながら学習を進めていきます。

　例えば、体育のチームづくりなども自分たちでやってみます。折り合いがつかず、うまくいかなかった経験も積み重ねながら関わることのよさや難しさを感じていきます。また、初期では休み時間などの生活場面でも、仲良しだけで集まることが多いので、教師は誰と誰が仲良しなのか子どもの様子を詳しく見ておきます。

『学び合い』中期

　『学び合い』初期に比べ、抵抗感をもたず多くの友だちに声をかけ始める子が増えます。係活動では男女が混ざり話し合いを進めます。生活場面でも、男女で気軽に話すことがこれまでよりも増えてきます。関わりが増えてきた中でも、1人でいたいという子の気持ちも大切にします。

　また、初期での見取りを生かし、学級の様子を把握することに努めます。関わりたいという思いをもつけれども苦手な子には、教師が子どもたちの間に入り、雑談でその子に話を振ったり、遊びに呼び入れたりします。教師も遊びの中に入って内側から言葉遣いや場の雰囲気を観察すると、より詳しく子ども同士の関係性が見えてきます。

『学び合い』成熟期

　教師が意図的に子どもたちを結ばなくても、自分たちで自分たちの居心地のよい場を選んで過ごします。教室が穏やかな空気で包まれるようになります。

　休み時間には誰と遊ぶかではなく、何で遊ぶかを考えるようになってきます。互いに自分が楽しいと思うことで過ごす時間が増えてきます。お互いに気持ちよく遊べる関係性ができてきているので、日常のトラブルも比較的少なくなっていきます。

考え方（及び指導スタイル）

　何よりも無理に子どもと子どもをつなげようと固執しないように気を付けます。そのような固執は教師の中に、つい誰とも関わっていない子どもは可哀想だ、みんなが関わっているのに1人でいるのは寂しいのではないかという思いがあるから生まれるのではないでしょうか。『学び合い』をすることを目的とするのではなく、その子が今どんな思いをもっているのか、どうありたいのかという子どもの姿から出発するという当たり前をいつも心に留めておきます。

　また、学級でのトラブルやうまくいかないことも目先の解決だけを優先しません。子どもたち同士が人と関わることの難しさと向き合うことを大事にしていきます。

あり方

　同じであることは安心するけれど、違うからこそ楽しいを大切にしています。子どもたち1人1人が、どんなことを感じ考えているのか、100％完璧に寄り添うことはできないですが、彼らの将来のために教師として少しでも手助けができればと走り続けます。

　本当にその子の将来のためにつながることは何であるのか、答えのわからない問いを、その子と共に向き合い、長い目で子どものことを捉え考えるようにします。

（小島貴之）

話し方指導はきき方 (聴き方・訊き方) 指導 から始める

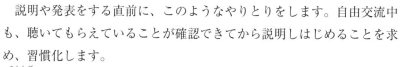

進め方

話し方よりも『聴き方』

話し手「聴いてください」

聴き手「はい」

　説明や発表をする直前に、このようなやりとりをします。自由交流中も、聴いてもらえていることが確認できてから説明しはじめることを求め、習慣化します。

　諺「話し上手は聞き上手」を紹介し、思いやりが見えるような耳+目+心で聴く『聴き方』が互いの力を伸ばすことを伝え続けます。

『訊き方』(問い方)

　小学 2 年算数「ひき算のひっ算」の自由交流場面です。説明をする A さんに、B さんに訊く（問う）ことを 1 回以上入れた説明を奨励します。一方通行の説明ではなく、「双方向型の説明」を求めるのです。

A さん「B さん、聴いてください。」

B さん「はい。」

A さん「45 − 18 をひっ算します。はじめに、どこから計算しますか？」

B さん「一の位の 5 − 8 ですが、引けないので十の位から 1 くり下げます。」

A さん「15 − 8 = 7 なので、答えは37でいいですよね？」

B さん「えっ？　違います。答えは27です。」

A さん「じゃあ本当に27になるか教えてください。」

B さん「1 くり下げたのを忘れてます。十の位を計算すると27ですよね？」

A さん「はい、印を付けると忘れなくなりますよね。これで終わります。」

B さん「うん、くり下がり忘れのところでひっかかりそうになったけど、大丈夫だったよ。ノートにサインするね！」

　A さんのようなやりとりを見つけたら、全体の場でモデルとして紹介

します。真似をしてペアで説明し合い技術として身に付けます。はじめはぎこちないかもしれません。必要感をもって聴いてくれる相手との実践を続けていくうちに、自然なやりとりができるようになります。

考え方（及び指導スタイル）

「聴いてもらえる」という安心感があると、説明や発表に自信がついてきます。1回よりも2回、2回よりも3回、3回よりも10回……と積み重ねることが大切です。私は、「1回『以上』問いかけを入れた説明ができる」「3人『以上』に説明できる」と、1時間のゴールを設定することが多いです。『以上』が肝です。交流が時間いっぱいまで促されるからです。サイン交換も、低学年では特に効果的です。

「3人ぴったり？4人？5人？すごいなぁ6人？まさか7人!?……」

確認を必ずします。「量」が多い方が「質」のよいものが生まれる可能性が大幅にアップします。コミュニケーションも「量」が大切です。

そして、「双方向型の説明」を通して深い理解を目指します。Bさんが理解できたAさんの説明が、CさんやDさんにも同じようなやりとりで理解してもらえるとは限りません。理解が十分でないと「訊く」ことはできませんし、相手によって「訊き方」を変える必要があるためです。一方で、理解が不十分でも「この後、どうしたらいいですか？」と「訊く」ことさえできれば、どうにかなること「も」あります。この経験「も」ときには大切だと私は考えます。友だちの力を借りられる安心感の中で、閉口して固まってしまう子はいなくなります。

あり方

「相手を尊重すること」と「自分が尊重されること」が、『学び合い』が機能し続けるための必要条件です。条件が整わないと実践できないというわけではなく、『学び合い』の実践（実体験）を通して、互いを尊重し合う価値に気が付いていくのです。そのため、『きき方』（聴き方と訊き方）を大切にしています。

（鈴木優太）

学校スタンダードで話し方 <small>（話型）</small> が決められている

対象：小学校全学年、中学校全学年

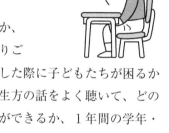

💬 進め方

『学び合い』初期（4～5月）

　まず、学校として何が決められているのか、確認します。自分の学年・学級だけで決まりごとを変えてしまうことは、次の学年に進級した際に子どもたちが困るかもしれません。学校の提案文書や周りの先生方の話をよく聴いて、どのように『学び合い』を取り入れていくことができるか、1年間の学年・学級経営の見通しをもちましょう。子どもたちには、学校で決められている『話し方』について、学年や実態に応じた話をします。

> **（『話し方』を指導する場面例）**
> ・『話し方』が身につくことで、どのようなよさがありますか。例えば、「～です／ます」で話し合うのと、休み時間と変わらない話し方をするのでは、どのような違いやよさがありますか。
> ・学校で決まっている「どうしてかと言うと」という言葉が絶対なのではなくて、「理由は」や「わけは」のように自分の言葉に置き換えて使えることが大切です。
> ・「○○さんと同じで／ちがって」と付け加えてから話すと、聞いている人が、意見を比べながら聞き取りやすくなりますね。
> ・これができていないことで周りからどう見られ、それによって、皆さんの生活にどのような影響が考えられますか。

　子どもたちの理解を得ることができたら、子どもたちが学校スタンダードの「話し方」をしっかりと身につけられることが大切です。そのためには、授業公開が予定されていた場合、当日までに子どもたちが、この「話し方」を身につけている、といった具体的な目標を決めて取り組むとよいでしょう。

『学び合い』中期（6〜10月）

すでに何度か、保護者や先生方に見られる機会を経ている時期です。その際に、年度当初に定めた目標の達成状況を見直します。子どもたちに決まりごとが身に付いていれば、応援してくれる保護者や先生方も増え、より一層、『学び合い』を進めやすくなります。

『学び合い』成熟期（11〜3月）

学校スタンダードの「話し方」や『学び合い』のやり方に慣れが出てくると、それが形だけになったり、わかっているけれど、やらなくなったりすることがあります。そのようなときは、どのような姿を目指していたのか、ゴールイメージを改めて子どもたちと共有し合いましょう。また、管理職や他学年の先生方に授業を見に来てもらい、子どもたちの様子を褒めてもらったり価値づけてもらったりすると、その都度、子どもたちの意欲が高まります。

● 考え方（及び指導スタイル）

「学校や学年で決めたことは守る」という姿勢が大切です。それが『学び合い』の考え方から見ると必要性を感じなかったり、かえって不自由に感じたりしたとしても、『学び合い』と「それ以外の考え方」といった対立姿勢をとるのではなく、「それもできた方がいいね」と柔軟に受け止め、子どもたちに伝えましょう。たとえ「話し方」が決められていても、授業や学級経営のあらゆる場面を通して『学び合い』を進めることができるはずです。

● あり方

ある子どもが「自分の考えが絶対に正しい」と主張し、だれの考えにも耳を傾けようとしなかったら、多様性を認める『学び合い』の考え方に基づいて、どのように対応しますか。

子どもたちにとって、教師はモデルです。教師自身が考え方の違いを受け止め、他者と協働しようとする姿は、かならず子どもたちに伝わります。「対立」ではなく、「歩み寄る・折り合いをつける」姿勢を大切に実践していきましょう。

（井出祐史）

手いたずらが止まらない子を
見つけてしまった

対象：小学校全学年

💬 進め方

『学び合い』初期（4〜5月）

　教師は、自分の立ち位置を教室の前方、後方、気になる子のそばなど、子どもの様子に応じて変えます。また、話は短く簡潔に行うよう努めます。それでも手いたずらが止まらなければ、よっぽどの理由があるのでしょう。名前を呼んで悪目立ちさせることは避け、その子の近くに行き「集中できないように見えるけど、何かあった？」と声を掛けます。

『学び合い』中期（6〜10月）

　周りの子からその子に、聞くことに集中するよう穏やかに声を掛けたり、一緒に課題を解こうと誘ったりする姿が見られ始めます。教師はその様子をにっこりと認め、後から「優しく声をかけてくれるから、みんなが安心して一緒にできるよ」とよさを伝えます。手いたずらをしていた子も、できる喜びや共に学ぶ楽しさを感じて、徐々に自分から学ぶ姿勢が身に付いてくるでしょう。それでも気分の乗らないときには教師から声をかけることもありますが、周りの子が受容する雰囲気をもっていれば、自分のタイミングで学びに戻っていくことができます。

『学び合い』成熟期（11〜3月）

　「手いたずらでよく注意される子」だったあの子も、周りの子の理解と助けの中で自己有用感を高めています。創造力や活発さを、工作や運動等の分野で発揮することもあるでしょう。助ける側だった子どもが、今度はその子から学ぶ。教師は「苦手なところを助けてもらい、得意なところで支えてあげる。とっても素敵だね」と声を掛けます。

考え方（及び指導スタイル）

教師が話をしているとき、子どもが定規を消しゴムのカバーに差し込み、飛行機にして遊んでいる……。つい叱ってしまいたくなります。しかしそもそもなぜ、授業と関係ない遊びや、手いたずらがいけないのでしょうか。また、なぜその子は手いたずらをしてしまうのでしょうか。

まずはその子と、手いたずらはなぜいけないのかを考えることが大切です。何かわけがある可能性も踏まえ、まずは理由を尋ねます。その上で、「手いたずらをしていて説明に集中できるか？」「話を聞きながら別のことをしていたら、相手はどう感じるか？」という問題の本質を問います。叱られたから渋々やめるのと、本質がわかって自ら行動を変えるのとでは、改善の持続率も納得感も後者の方が確実に高いです。

また、子どもによっては、何かに触っていたり、書いたりしている方が、落ち着いて話が聞けるという場合もあります。そのことも考慮して教師が「Aさんはずっと物を触っているけど、お話はきちんと聞けているよ。みんなが困らなければ、それでもいいかな？」などと特性に配慮した声掛けを周りの子にもすることで、その子も、周りの子も、過ごしやすい環境をつくることができます。本質的なことができていれば、ある程度のことは認め、「できる」を積み重ねていくこと。子ども同士の関わりにも、教師のこのような姿勢は影響を及ぼします。みんなと学ぶ中で、互いの個性を認め合い、相手の立場でも物事を考える。その姿を、まずは教師が示しましょう。

あり方

「困った子は、困っている子」。よく聞く言葉ですが、子どもの行動の理由を様々な視点から考えましょう。一概に突っぱねるのではなく、自分に非がないかも含めて見直してみる。「一人も見捨てない」と言いながら、子どもが悪いと決めつけてはいないでしょうか？まずは教師が、子どもの立場で考えようとするあり方が大切です。

（菊地紗也子）

休み時間に一人ぼっちの子がいる

対象：小学校全学年

進め方

気になる子を見かけたら

　気になったら、まずは、その子の様子を、よく観察します。そして、その子が1人で過ごしたいのか、1人で過ごすしかない状況に追い込まれているのかを見とります。このときに、両者は明確に区別できるわけではありません。

　また、「1人で過ごしたいの？」と直接的に質問して、素直に気持ちを話せない子もいます。ですので、様々な質問を繰り返したり、継続的な観察を通して、丁寧にその子を見とっていきます。その子が、1人で過ごしたくて過ごしていると判断した場合は、ひとまず、そっとしておくのがよいでしょう。

授業で関わり合う喜びを味わえるようにする

　休み時間に、色々な子と関わってほしい。そう思うのであれば、まずは授業の中で、関わり合う楽しさや喜びを、子どもが味わえるようにします。『学び合い』の授業は、学級の友だちと協力して目標を達成するという経験を積み重ねられます。人と関わり合う喜びも難しさも、経験しなければわかりません。心地よい距離感で関わり合える学級になるために、まずは、授業の中で、豊富な経験の場を設けていきましょう。

学級目標と照らし合わせて話し合う

　それでも、1人で過ごすしかない状況になっている場合は、子どもに教師からの問題意識を伝えます。そのときに意識したいのは、「学級の目標と照らし合わせて問題だ」という判断を伝えることです。そのためにも、年度の初めには学級の目標を、話し合いを通して決める機会を設けることを強くおすすめします。もし、全員が納得できる話し合いの基準がない場合は、教師の価値観のみから生まれた問題意識を伝えて、半

ば強引に関わらせるしか方法がなくなってしまいます（＊詳しくは、本書「学級目標に基づいた日常的なフィードバック」30〜31頁を参照のこと）。

● 考え方（及び指導スタイル）

　まず大切にしたいことは、1人であることを否定しないことです。「一人ぼっち」という言葉が存在するように、私たちは無意識のうちに、1人でいることが問題であるかのように思い込んでしまいます。教師が、学級が「みんな仲良く」あって欲しいと願う気持ちもよくわかります。しかし、そのことが強迫観念となって、社会との扉を閉ざしてしまう子どももいます。1人で過ごせる時間が、その子にとって学校での救いの時間かもしれないのです。むやみに奪ってはいけません。1人であることを否定せず、授業を通して他者と関わる喜びを味合わせる努力を淡々と続けることが大切です。

　次に大切にしたいことは、子どもたちの目標実現を支援するということです。休み時間の過ごし方に、ルールを設けるべきか否かは、大人でも意見が分かれます。正解はありません。そのようなときに拠りどころとなるのは、子どもたちの願いが反映された学級目標です。自分たちは、どう生きたいのか。どのような学級集団の中で、生活したいのか。そのことを問い、考え、行動し、見直す機会をつくる。それを繰り返すことで、個人も学級集団も成長します。そのために教師は、子どもたちに、自分たちの目標を指し示し続ける辛抱強さと覚悟が大切です。

● あり方

　人は、つい、良いか悪いか、正しいか正しくないか、で判断したくなります。しかし今回のように、「悪くはないけれど判断に迷う」ことはたくさんあります。そういった場面に出会ったときには、自分たちは人として、集団として、どこを目指しているのかという大局観に立ち返って考える場を設けましょう。

（菊地南央）

朝の時間の使い方をどう指導するか

対象：小学校全学年

進め方（場面）

おはよう！

『学び合い』初期（4〜5月）

　子どもたちが登校してから、朝の会が始ま
るまでどのくらい時間があるでしょうか。そ
の時間の中でランドセルから教科書を取り出
し、宿題を提出します。着替えもするときも
あります。割と自由な時間でもあるので、友だちと話したり、外へ出て
遊んだりもします。すると、やるべきことが不十分になってしまうこと
があります。

　そんなときは、RPG（ロールプレイングゲーム）のように1つできる
ごとに名前マグネットを移動して、全て達成するとクリアするようなゲー
ムにしてはどうでしょう。こうすることで、やるべきことを楽しんで
取り組めるような雰囲気をつくります。しかし、どうしても達成できな
い子もいます。そういう場合は、教師から話しかけながら一緒に準備す
る姿を見せるようにします。これで準備ができたら、「時間内で終わら
せてくれてありがとう。手が必要だったら声かけてね」と声をかけます。

　こうした手立てでは達成できない子もいることを理解すること、その
子にも手を差し伸べることを教師から見せていくことも大切です。学び
合いのできる関係づくりは、こうした日常場面に生かされ、醸成されて
いくのだと思います。

『学び合い』中期（6〜10月）

　始業時間になっても、喋るなどして準備が終わらない子が数名いま
す。そこで、宿題を朝のうちにチェックしたいこと、時間通りに授業を
始めたいことを教師の願いとして伝えます。ここから生活場面でも学び
合うことを取り入れていきます。どうしたら早くできるか、早い準備の

コツを紹介し合ったり、チームでスピードを競い合ったりと子どもが話し合う中で方法を考えます。こうすることで、朝の時間の使い方に対する意識が芽生え、達成しようという風土が協力関係を構築します。学び合うということは、それにより取り組む意識を高めることにもつながるのです。

『学び合い』成熟期（11〜3月）

　自分なりの方法を導き出している時期です。これまでの『学び合い』を通して、体得したやり方は、その場でしか通用しないものではいけません。明日の準備をするとき、家族でお出かけするときにだって準備をします。

　さらには、準備ではなく片付け、その他生活の場面でも生かせることを、『学び合い』を通して学習していけるとよいでしょう。

● 考え方（及び指導スタイル）

　朝の時間のように、まとまった時間はあるけれど、学級裁量でプログラムできる場面こそ、『学び合い』が生かされる機会です。教師にも、子どもにもそれぞれ思いがあります。どちらも心地よく過ごせるような方法を学級で考えていけたらよいでしょう。『学び合い』を通して、朝の時間が心地よい時間になることが一番だからです。早く準備が終わらなくて先生だけが困っている状況でも、子どもたちに困りはありません。

● あり方

　「学び合う」ことで、お互いの知恵を出し合いよりよくなる方向へ導いていくことができます。そのため教師は、提案をすること、改善を促していくこと、良い点や悪い点を気づかせることができます。そして、一緒になって解決策を考えることができます。

　はじめに定めたルールで1年間取り組んだ方が楽かもしれません。しかし、「学び合う」ことで自分たちの力で獲得した心地よさは大きな自信となるでしょう。

（紺野悟）

ペア活動の取り入れ方や広め方を
どうするか

対象：小学校中・高学年

進め方 ・・・・・・・・・・・・・・・・・・・・・・・

好きな
食べ物は？

『学び合い』初期（4〜5月）

　学級開きから、なるべく早い段階で、「友だちと、聞き合えるようになろう」という目標を子どもたちと共有し、「好きな食べ物」「好きな色」など、話しやすい話題でペアの友だちと交代でインタビューする活動を朝の会のメニューに設定します。

　教室の座席を1日に1人ずつ移動してペアをつくるなど、ペアをつくる「やり方」も確認しておきます。そして、「理由やエピソードも聞く」など、あらかじめどんなことを聞いたらよいかを提示するなどしながら、30秒ぐらいのやりとりを目標にします。話しやすい話題を短い時間で行う中で、聞き合う楽しさをたくさん味わうことを教師も一緒に楽しみながら見守っていくのがこの段階です。しかし、この段階は、相手によってうまく進められないペアや1問1答のやりとりしかできない様子も見られます。「少しずつ、できるようになってきたよ」などと声がけをするなど、焦らずゆったりと見守ることがとても大切です。

『学び合い』中期（6〜10月）

　行事の取組も始まり、1日の生活が忙しくなってくるのがこの時期です。「時間がないから省略！」としたくなることも多くなる時期ですが、いつも先生や日直がやっている健康観察をペアで行うなどの工夫をしながら、たとえ短い時間でも「毎日継続する」ことに重点を置くのがこの時期です。この頃には聞き合う活動にも慣れてくるので、隣同士だけでなく、前後や斜めの友だち、ときには教室を自由に歩いて随時ペアをつくるなど、ダイナミックに活動することもできるようになります。1人1人に名簿を持たせ、誰と活動したかを記録するのもいいでしょう。

『学び合い』成熟期（11〜3月）

　朝の会だけでなく、1日の生活の中に色々なコミュニケーションの場が保障され、自分たちでよりよい教室をつくっていこうとする気持ちが醸成されてくると、朝の会のペアの活動はその日のウォーミングアップのような位置づけになります。自分の話を笑顔で受け止めてもらう時間が安心感やその後の活動への意欲につながります。テーマを子どもたちから募集するなど、子どもたちがこの活動に関与できるようにすると、意欲にもつながります。

考え方（及び指導スタイル）

　『学び合い』が浸透する過程の中で、授業の中にディスカッションする場面などへ活動の幅を広げていくためにも、ペアの活動を「短い時間」で、「楽しい話題」を、「数多く」経験させることを重点にしていきます。テーマによっては、「話が思いつかないことも大事な意見。『思いつかない』ということを話すといいよ」と声をかけることがあります。話すことよりも相づちをするなどして積極的に聴くことに重点をおくことで、少しずつ教室に親和的な風土が醸成されていきます。

あり方

　『学び合い』は児童相互のコミュニケーションに支えられています。特に、クラス替えがあった場合などは、授業以外でも「おしゃべり感覚」で友だちと楽しくコミュニケーションが取れるように促していく必要があります。まずは、学級の最小単位である「ペア活動」の中で、話を受け止めてもらう活動を学級のシステムの中に位置づけ、コミュニケーションの経験を保障することはとても重要です。

（和賀健）

【参考文献】
ちょんせいこ・岩瀬直樹『よくわかる学級ファシリテーション②　子どもホワイトボード・ミーティング編』解放出版社、2011年。

読書カードを使った絵本の
読み聞かせと読書交流を進めよう

対象：小学校中・高学年

進め方

『学び合い』初期（4月）

　読書カードを使って、読書交流を行っていくことを伝えます。読書カードへの記入項目は、

①題名　②ランキング（5段階評価）　③読み終えた合計冊数

④素敵な一文を書きぬく　⑤作者がみんなに伝えたいことを考える

　次に読書カードをもとにペアで交流活動を行います。1人あたりの持ち時間は、2分。前述した5項目を伝え、余った時間は質問タイムとします。2分ずつの交流活動を終えた後、相手の読書カードに共感的なコメントを一言書きます。

『学び合い』中期（5〜10月）

　絵本の読み聞かせだけでなく、自分で読んだ本もどんどん読書カードに記入させていきます。ペアでの交流活動も1枚ずつていねいに行っていきます。読んだことのない本について相手に説明したり、感動を伝えたりすることは難しいことです。また、質問する側も読んでいない本について質問したり、それを聞いて納得したりするのは難しいことです。2分という制限時間が終わっても交流活動を終えようとしないペアを見つけたら、「ここのペア、すごく盛り上がっているね」と称賛し、学級全体に広げるようにします。

『学び合い』成熟期（11〜3月）

　この頃になると読書活動も定着し、おだやかな雰囲気の中で交流活動が行われます。絵本の読み聞かせでは、「読書カードに何を書こうかな」と考えながらお話を聞く様子が見られるようになっています。図書室から同じ本を借りてきて、それについて読書カードを交換するペアも現れます。自分が決めた目標冊数に向けて黙々と読書をする子。友だちの冊

数に負けじとどんどん冊数を増やしていく子。図書室に本を借りに行くことが習慣化している子など本に親しむ態度が育っています。

考え方（及び指導スタイル）

　読み聞かせしてもらうのが好きな子、自分で本を読むのが好きな子、本が苦手な子と様々なタイプの子が教室にはいます。「本は、心の栄養」と言われます。しかし、本を読んだだけでは忘れてしまいます。交流活動を通して、その本の内容を心に刻んでほしいと願っています。友だちとのやりとりを通して本をもっと好きになってほしいです。また、子どもを本好きにする作戦の1つとして、おうちの人を巻き込むことがとても有効です。

①授業参観で読み聞かせをし、親子で交流活動。読む本は、
　『おかあさんだいすきだよ』（みやにしたつや作・絵、金の星社）
　『おおきくなるっていうことは』（中川ひろたか・文、村上康成・絵、
　童心社）など。

②学級懇談会で読み聞かせをし、保護者同士で交流活動。読む本は、
　『どんなにきみがすきだかあててごらん』（サム・マクブラットニィ
　文、アニタ・ジェラーム絵、小川仁央訳、評論社）『おおきな木』
　（シェル・シルヴァスタイン、村上春樹訳、あすなろ書房）など。

③週末の宿題として、おうちで読書をし、親子で交流活動。

④謝恩会の出し物や卒業式の餞の言葉として読み聞かせ。読む本は、
　『たまごにいちゃん』（あきやまただし作・絵、鈴木出版）『あのとき
　好きになったよ』（薫くみこ・作、飯野和好・絵、教育画劇）など。

あり方

　ペアでの交流活動は、慣れたあとでも最低10分はかかります。時間が惜しく感じることもありますが、この交流の積み重ねこそが深い読解・表現力の向上・本への親しみへと少しずつながっていきます。読書の交流活動を通して、自分を勇気づける本に出会ってほしい。本の登場人物から楽しく生きるヒントや困難の乗り越え方を学んでほしい。心のモヤモヤを表現する言葉と出会ってほしい。悩んでいるのは自分だけじゃないことに気づいてほしい。そんな願いをもっています。　　（大釜拓）

なかなか帰りの会が始まらない

対象：小学校全学年

進め方（場面）

　6時間目が終了すると、子どもたちは帰りの準備を始めます。「今日遊べる？」なんて会話も聞こえてきます。「先生、トイレ行っていいですか？」なんて声も聞こえてきます。一方、ある子は準備が終わっていて、ただただ待っているようです。一体、いつ帰りの会が始まるのやら……。いつになったら準備が終わるのやら……。先生もイライラしてきます。

『学び合い』初期（4～5月）

　早く準備ができると、それだけ時間ができます。そうすると、待っている人は、「まだかな」とイライラしなくなります。待たせている人は、「いつまでやっているの！」と叱られなくなります。先生は、「早くして！」と叱ることも減ります。「早く準備をして、早くさようならしませんか」と問いかけ、子どもたちと合意します。「じゃあ頑張ろう！」と気合いで取り組むのではなく、きちんと方法を話し合います。

　僕の学級では、帰りの会に行う内容をカードに書き出し、①丁寧に内容を行える②待たせる、待たされることが極力少ないプログラムという視点で話し合いました。すると、何回か内容や順番を入れ替えた後、3分掃除→5分日記→2分準備→さようならの順になりました。

『学び合い』中期（6～10月）

　あるとき、用事で遅れた子がいました。学級の一員という観点から、そうした子は基本的に待つようにしています。しかし、何もせず待っているわけにいきません。日記は自分でないと書けませんが、それ以外のプログラムは進めることができます。他の子が、代わりにやっておくことで、自分にとっても学級にとってもよいことを実感し、行動できるよ

う話し合い、認めていきます。

『学び合い』成熟期（11〜3月）

　これまでの経験で、どうすれば、全員にとってよりよい行動かがわかってきます。ですから、「けんた君は理科室へ連絡を聞きに行っているから準備をしておこう」「こっちやっておくから任せて」と阿吽の呼吸でできるのです。この段階になると、帰りの時間に限ったことではなく、他の場面でも、授業でも相乗効果を生みます。こうなると、多様な他者と協同して課題を解決する喜びを感じているのではないでしょうか。「今日は、急いでいるから、1分でやろう」とイレギュラーに対応がきく馬力をもつこともできるでしょう。

考え方（及び指導スタイル）

　多様な人と折り合いをつけていく場面は、生活の中にたくさんあります。帰りの場面は特に、早く帰りたいあまりに、"心ここに在らず"の子どももいれば、だらだらと準備している子どももいます。さらに、乱雑になって急ぎ過ぎて忘れ物が目立ったり、教室がぐちゃぐちゃになったり、大切な連絡を落としかねません。どちらの子どもにとっても、教師にとってもストレスにならない、確実に連絡も行う。そして、1日を温かく締めくくることのできる方法を探していくことが大切です。

　そのためには、はじめに示す価値観のもと、学級の中で決めていくことです。必ずしも帰りでなくてもできるものもあるかもしれません。

あり方

　教室の中の子どもたちは実に多様です。特に帰りの場面は、色濃く出る場面のようです。ですから、帰りの会という全員で行う場面と下校時間までの余剰時間をうまく使うことができたら、どの子にとっても、教師にとっても心地よいものになります。

（紺野悟）

担任不在でも居心地よく安心して過ごすことができる

対象：小学校低・中学年

進め方

年度のはじめに

「この教室はみんなのものです。"みんなが"
心地よく過ごせる教室を、みんなでつくってい
きましょう」などと教師の思いを共有します。みんなが過ごしやすい空
間には、暴力・悪口・仲間外れなどがないことを全体で確認し、そのよ
うな教室にしようと話します。身勝手な行動が見られれば、悪いことは
悪いと教師が指摘することも、この時期では必要だと思います。

教師が教室にいるときの関わり

半数程度の子は、自分たちでよい空間をつくろうと考え始めていま
す。走り回っている子がいれば「危ないよ、歩いたほうがいいよ」と声
をかけたり、「折り紙しようよ」と誘ったりして、周りに迷惑をかけず
楽しく過ごす方法を考え、実行します。教師は居場所を教室の後方に移
動し、存在感を出さずに見守る時間を徐々に増やします。子どもたちだ
けで解決できない問題が発生すれば、「なにで困っているの？」と声を
掛けたり、改善策を提示したりして、教師が居なくても自分たちで解決
する力を伸ばしていきます。

教師が教室を不在にしたときの関わり

不在にしていた教室に戻ってきたとき、子どもたちが教師の存在に気
づかないほど、集中して学習に取り組んでいたり、安心して休み時間を
過ごしたりしていれば、『学び合い』の風土が育っているのでしょう。
指導の必要がある際には「先生がいない間に、困ってしまった人はいな
かった？」と問い、どうすれば次はよくなりそうか、意見を出し合いま
す。"やることがわからないときは読書をすると迷惑にならない"、"ど
うしても困ったときは日直が隣の学級の先生に相談すればいい"、など

の解決の手がかりを考え、共有することで、次の行動につなげます。

考え方（及び指導スタイル）

　教師のするべきことは、子どもの行動に対して叱責を行うことではなく、子どもが自分の行動について省察するための見方を与えることだと考えています。例えば、不在にしていた教室へ教師が戻ってきたとき、やけに教室が騒がしかった。この場合「静かに待っているように言ったでしょう！」「先生がいないとできないの？」といった言葉を投げかけるのは、その場を収めるには効果があるように思われますが、子どもの視点で考えると、「先生に怒られるから、ちゃんとしよう」という考えになるのではないでしょうか。

　困っている人は居なかったか。何か進めておくべきことはなかったか。自分の行動は、周りの友だちに迷惑になっていなかったか。今までと比べて成長しているか。など、行動を省察するための見方を与え、今後どのように過ごせば“一人も見捨てない”みんなが居心地のよい空間になるのかを考えられるよう導くことが、教師の役割なのではないかと思います。

　急を要する危険な場面を除いては、このように自ら行動を改める視点をもたせることが、長期的な解決につながると考えています。また、その力は学校内のみならず、社会に出ても必要な力であると思っています。

あり方

　「教室はみんなのもの」であって、教師の言うことがよいことなのではなく、みんなにとって居心地のよい空間にすることが大切だ、という在り方を大切にしています。将来、統率者がいなくても、考えが合わない人がいても、他者の自由を侵害せず、１人１人のびのびと過ごして欲しい。そのためには、教師が監督するばかりでなく、自分たちの振る舞いを自分たちで考えられる、そんな場をつくりたいと思っています。

（菊地紗也子）

いじめに負けない学級を育む

対象：小学校中・高学年、中学校全学年

●● 進め方

『学び合い』初期（4〜5月）

『学び合い』の他に、アクティビティや遊びを取り入れて、学級全体の人間関係づくりに取り組みます。このとき、競争や勝ち負けを楽しむような活動は避けます。人との関わりを楽しむ活動を中心にして、人間関係の網目が、増えたり拡げたりできるようにします。学級の中に、ポジティブな人間関係が醸成されてきたら、学級生活の羅針盤となる学級目標をつくります。

『学び合い』中期（6〜10月）

学級の中で、誰とでも一度は話をする経験をし、人間関係の網目が広がっています。そして、共通の趣味がある人や、物事の捉え方や認識の仕方が近い人がわかってきます。反対に、共通の趣味がない人や、価値観の合わない人もわかります。その前提を理解したうえで、教師は、『学び合い』の授業の中で、多様な人と関わる価値を語ります。世の中では正解よりも納得解が求められること、意見が合わない人と話し合う経験の重要性、価値観の合わない人と折り合いをつける意義など、視点を変えて繰り返し語ります。

『学び合い』中〜成熟期（6〜3月）

初期に立てた学級目標は、その後1年間を通して、こまめに振り返ります。私は、右のようなアンケート用紙を自作して集計しています。この結果を学級全員で共有し、改善のためのアクションプランを立てま

学級生活向上のためのアンケート				
（　）番　名前（　　　　　　　　　　）				
4−とてもそう思う・よくある　3−少しそう思う・少しある 2−あまりそう思わない・あまりない　1−まったくそう思わない・まったくない				
1	クラスのみんなは協力して支え合っていますか。	4	3	2	1
2	クラスには色々なことに進んでチャレンジする人がいますか。	4	3	2	1
3	クラスには自分から下級生をリードする人がいますか。	4	3	2	1
4	クラスの人はまわりを見て行動できていますか。	4	3	2	1

す。アクションプランは、朝の会の内容に反映したり、学級活動や係活動の内容に反映したりして具現化します。

考え方（及び指導スタイル）

多くの場合、いじめの原因は、個人ではなく、環境に由来します。例えば、ふらっと立ち寄ったコンビニでいじめが発生しないように、「一定期間を決められた集団で生活しなくてはならない環境」がなければ、いじめは起きないからです。なので、集団の環境を変えれば、いじめに負けない学級に近づきます。

具体的には、まず学級を、全員の個性が認められる環境にするということです。「算数が苦手」「空気が読めない」など、一定の尺度で個人が序列化されない環境にします。これは、教師の姿勢や言葉に、如実に現れます。一度、自身の言行一致を見直してみてください。

次に、集団の問題は、集団で解決するという仕組みにします。「AさんとBさんの関係が好ましくない」という問題に対して、学級でできる解決策を考えるのです。その際に、直接的に「AさんとBさんの～」と子どもに話すのではなく、アンケートの結果に基づいて、例えば「思いやりをもって人と関わることのポイントが下がっています。どうしましょう？」というように、学級の問題として解決策を考えるのです。これによって、問題が自分事になります。

最後に、いじめ等の人間関係の問題に「完全な解決はない」「自分の成長にも関わるものだ」という前提を子どもたちと共有することです。こうすることで、こうした人間関係上のトラブルを、学びの材料とし、自分自身の人生に役立てることができます。

あり方

いじめは、集団生活特有の問題です。だからこそ、その集団の全員が自分事として捉え、集団の力で立ち向かわなければ乗り越えられません。教師は、集団の力を引き出す環境づくりに、全力を注ぎましょう。

（菊地南央）

グループによるいじめ事案が発生した

対象：小学校中・高学年、中学校全学年

進め方

初期対応

　まずは、被害を訴えた子どもから、話を聞きます。詳細な聞き取りは今がいいか、休み時間がいいか（目立つことを避けたがる子がいます）、保護者への連絡はしてもいいか（隠れたＤＶ傾向のある家庭などは配慮が必要です）など、詳しくニーズを聞き取ります。そして、できる限り早く、被害を訴えた子の話を、記録を取りながら聞きます（複数対応が望ましいです）。その結果は、必ず管理職に報告し、保護者にも子どもから訴えがあったことや今後の対応について連絡します。

中期対応

　被害を訴えた子の安全性を確保したうえで、相手の子の話を１人ずつ聞きます。いじめ事案は、複数での加害によるものがほとんどです。しかし、対応する際は、グループ対個人の構図はつくらず、個人間の問題として取り上げます。

　相手の子には、「○さんから、△さんに～されて困っているという相談を受けたんだけど、話を聞かせてくれないかな」というように質問します。決して、はじめから叱ったり、加害を決めつけてはいけません。まずは話の全てに、共感しながら聞くようにします。例えば、「うんうん。そういう気持ちになることはあるよねぇ。わかるなぁ。……でも、それを伝える方法は、これでよかったのかな？」のように、感情を受け止めながらも、行動は決して肯定しません。

　右のステップのように問いかけ、その子と一緒に悩んで、背中を押し、見守り、成果を一緒に喜ぶのです。こうした取り組みを、１人１人

と粘り強く続けていきます。

後期対応……にしない！

　人として生きる以上、人間関係から生まれる問題は大人になってもなくなりません。相手と自分がよりよく生活できるための調整を、延々と繰り返していくことが必要になります。そのためにも教師は、「いじめに負けない学級をつくる」（52～53頁）に記した取り組み等を通して、根本的・構造的な改善を目指していきます。

---

① 「これから、どうしたらいいと思う？」
② 「いいね。じゃあチャレンジしてみよう」
③ 「でも、すぐにはよくならないだろうから、粘り強く続けてみようね」
④ 「失敗したら、また次の方法を考えよう。応援してるよ」

考え方（及び指導スタイル）

　人は誰しも、心に弱い一面をもっています。あなたも、そうであるはずです。でも、その弱さを正当化して、人を傷つけてはいけません。教師は、子どもがその弱さと向き合い、打ち克つ過程に寄り添い続けることが必要です。いじめ指導は、1人1人が自分の決断や行動と向き合って生きるために、成長を促すために行うのです。

　いじめ指導が、成功か失敗かなど考えることに意味はありません。成功するまで、あらゆる方法を模索しながら手を打ち続けるのです。

あり方

　いじめは集団生活特有の問題ですが、発生後の指導は、個人の行動に焦点を当てて行います。そして、誤った集団心理の恐ろしさに負けず、その子が自分の行動に責任をもつことができるよう、長い目で見て支援を続けましょう。

（菊地南央）

仲間と関わるよさの伝え方

対象：小学校全学年

進め方 ‥‥‥‥‥‥‥‥‥‥‥‥‥

『学び合い』初期（4〜5月）

　学級集団の人間関係を見極めます。ペアやグループを組む活動を意図的に入れ、相性を見ます。

　日記のテーマに『友達紹介』を設定し、どんな人を友だちにしたいと考えているか傾向をつかみます。過去にあった友だちの否定的な話をわざわざ教えにきてくれる子もいますが、深掘りせず「そんなことがあったんだね」と話を聞くようにします。休み時間には、だれがどの子と過ごすことが多いのか観察します。ときには一緒に遊び、遊びの中での人間関係を把握します。

『学び合い』中期（6〜10月）

　ある程度、学級全員に『学び合い』の考え方が浸透してきて、共によりよくなっていこうと思い始めています。しかし、依然として関わり合おうとしない子の姿も見られます。HSC（Highly Sensitive Child＝人一倍敏感な子）の存在も最近では認められるようになってきました。この子たちにも学級にいるよさを味わってほしいです。そして、その子自身のよさも学級で共有できるようにしたいと考えます。

　以前「ワードハンター」というゲームを行ったときの話です。

①あ行からさ行までの表を示し、表から2文字以上の文字をつなげ、単語をつくる。例）あい・あいす・いか・かい　など

②同じ文字を何度使ってもよい。

③濁点や半濁音や長音は使えない。あくまで表の中の字を使う。

④ルールを確認し、1人で2分考えさせる。

⑤いくつ単語をつくれたかをカウントし、個人チャンピオンを決める。

⑥次に友だちからアイデアをもらう活動を２分行い、自分のアイデアと合算してカウントし、合計チャンピオンを決める。

⑦最後に、【合計―自分の元々の数】の計算をし、アイデア獲得数チャンピオンをきめる。

　私は、この活動を通して、協力することで単語数を増やせることを味あわせたいと思いました。しかし、私の意図通りにはなりませんでした。だれとも交流できず、１つしか意見を出せないHくんがいたためです。Hくんの意見はだれも知らない状態でしたので、はじめにHくんに発表してもらうと「せいそう」と答えました。学級からはどよめきが起こりました。学級の中でこのアイデアを出せた子は、Hくんしかいなかったのです。先ほどまで「数の多さ＝よい」という価値観だった学級の中に新たに「希少性＝よい」という価値観が生まれました。

『学び合い』成熟期（11〜３月）

　「学び合う」ことのよさを実感した集団は、交流を自然と重ねます。それぞれの得意分野・不得意分野も理解しているので動きもスムーズになっています。

考え方（及び指導スタイル）

　交流するよさを感じられるような授業を重ねます。振り返りを行い、だれのどんなアドバイスが自分にとって効果的であったか学習者自身が分析します。また振り返りを発表することで、教えてくれた人への感謝を伝えます。自分のアドバイスが効果的だったと知ることで、次からより積極的に関われるようになります。

あり方

　自分にはない考えを得るために交流活動を行おうとする態度を養いたいです。一方で交流活動を苦手とする子が、１人でも安心して学べる教室環境を整えたいです。また、その子が少しでも友だちと関わりたいと思えるような声かけやしかけづくりを日々模索します。

（大釜拓）

子どもたちの成長を考えた
席替えをする

 対象：小学校中・高学年

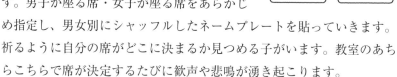

よろしくおねがいします。

進め方 ‥‥‥‥‥‥‥‥‥‥‥‥‥‥

はじめての席替え

　1ヵ月に一度席替えをすることを宣言します。男子が座る席・女子が座る席をあらかじめ指定し、男女別にシャッフルしたネームプレートを貼っていきます。祈るように自分の席がどこに決まるか見つめる子がいます。教室のあちらこちらで席が決定するたびに歓声や悲鳴が湧き起こります。

　席替えをする際に、必ず以下の5つを行うことを伝えます。

①今いる4人1組の班のメンバーにメッセージを送ります。

②送られたメッセージを連絡帳に貼ります。

③ネームプレートを使って席替えをします。

④今のメンバーに「お世話になりました。」と伝え、移動を開始します。

⑤新しいメンバーに「よろしくおねがいします。」と言います。

1回目の席替えを終えたときの語り

　「先生のクラスでは、席替えをするたびにメッセージを送り合います。班のメンバーにすごいところや感謝を伝えます。メッセージにどんなことを書こうか考えながら、この1ヵ月を過ごすようにしてください。」

保護者の反応

　我が子が教室内でどんなふうに生活しているのか、保護者は、とても気にしています。学習や生活に関する教師からのメッセージは、通知票やノート指導で伝えることができますが、子ども同士の人間関係はなかなか伝えられません。席替えメッセージは、保護者に教室内の様子や人間関係を伝える上でも一役買っています。

● 考え方（及び指導スタイル）

　隣になりたい子を誰しもが頭に描き、次こそは！と念じながら、席替えのときを待つ子どもが多いと思います。それが叶わず、別の子が隣になってしまったとき、つい不満が出てしまいます。しかし、不満を露骨に表してしまっては、新しく隣になった子に対して失礼になってしまいます。否定からは何も生まれないことを伝えます。そこで、新しく隣の席になった子のよいところに目を向けられるように１ヵ月後の席替え時に再びメッセージを送り合うことを確認します。出会いは、チャンスです。新たな人間関係から得られる情報や技術をぜひ肯定的に捉えてほしいと願っています。

　また、どんなに好きな人でもどんなに嫌いな人でも１ヵ月たったらまた席替えをするというサイクルを子どもが理解すると席替えをしたあとの興奮はある程度落ち着きます。

　「次に隣になった人のよいところを見つけるぞ」と子どもたちが発奮してくれるツールになっているとうれしいです。

● あり方

　送られたメッセージを見て、思わず笑顔がこぼれる子がいます。その子の声を拾って全体で共有するようにします。こうすることでメッセージは、相手を喜ばせるためにあるものだと確認します。席替えメッセージの中で忘れられないメッセージがあります。

　「Ｔくんに教えていると、なぜだかわからないけど、逆に私が教わっているように感じるよ。ありがとう。」

　このメッセージを書いた子は、最初、あまり勉強が得意ではないＴくんの隣になることを快く思っていない子でした。１ヵ月間、彼の隣で過ごし、授業中に関わり合っていく中で一生懸命なＴくんの成長だけでなく、自分の成長を感じることもできたのでした。

　１ヵ月に１回席替えというサイクルを12回続け、積み重ねることでつながりが深まり、友だちへの信頼も向上させることができます。　（大釜拓）

第２章　生活場面

子ども同士の関係づくりを サポートする

対象：小学校中・高学年、中学校全学年

💬 進め方

笑顔で受け入れる

　笑顔で子どもたちを受け入れ、話しかけやすい雰囲気を出すようにします。教師（大人）と子どもの関係ではありますが、対等に関わることができるように心掛けます。その上で、子どもたちにはこのように伝えます。

　「君たちは学習でも人間関係でも悩むことがあって当たり前の年齢。先生もたくさんあったよ。むしろ大人になってからもあるよ。自分たちで乗り越えられることも大切だけど、困ったら溜め込まず大人に頼ることも大切。先生はいつでも力になるからね。」

目指す関係性と不安要素を共有する

　「最近遊ばなくなってしまった」「気まずい」など、子どもたちから友だち関係の悩みについて相談されることがあります。まずはしっかりと話を聞き、気持ちを受け入れます。教師は中立な立場であることを伝え、「先生にはどうしてほしい？」と、介入度合いを確認します。「ただ聞いてほしい」ということもよくありますが、アドバイスを求められている場合、相手の友だちとの目指す関係性（ゴール）や気持ちなどを紙に書いて確認しながら話を聞きます。

教師「A さんとどんな関係になりたい？　どんなことが不安？」

子ども「今までのように仲良く遊びたい。私は A さんを親友だと思っている。でも、A さんはそう思っていない気がする。」

教師「いっぱい悩んで辛かっただろうね。よく話してくれたね。今話してくれた素直な気持ちや言葉、先生が A さんだったら嫌な気はしないな。これからどうしてみる？」

子ども「自分たちで話し合ってみます。」

　休み時間に自分たちで話し合っている姿がありました。子どもたちは自分の思いを相手に伝えることの大切さを実感していきます。

● 考え方（及び指導スタイル）

　場合によっては、教師が介入すべき事案もあります。複雑化、重大化してしまう前に教師がしっかりと把握しておくことも必要です。これまで相談に乗った悩みごとには、スマートフォンを通しての関わり合いが増えたこともあり、文面だけが伝わり、背景にある自分の気持ちが相手に正確に伝わっていないことや、起きてもいないことを深く考え過ぎてしまうことがありました。相手と今後関わらないことにするのは簡単ですが、少しでも関係性をよくしたいと思っているのならば、目指す関係性と素直な気持ちを確認し、相手に直接伝えることが効果的です。また、それらを紙に書いて視覚化することで、自分が進むべき道を判断することができると思います。

　子どもの思いによりますが、教師が子どもたちの間に直接介入するのではなく、間接的にサポートすることを心掛けています。考えを押し付けて解決させるのではなく、気持ちに共感し、効果的である方法を提案したり、一緒に悩んだりすることを大切にしています。それがいつの日か、自分たちで解決できる力や、困っている人がいたら寄り添うことができる人間性につながると信じています。「相談してくれてありがとう。またいつでも話聞くよ」と、頼ってくれたことへの感謝を伝えて再び大きく構えることも、子どもたちが勇気を出して気持ちを伝え合うことにつながるはずです。

● あり方

　「信頼できる人が近くにいる」そんな安心感が多くの人にあってほしいです。私自身も周囲の人に寄り添えて、信頼される存在でありたいと思っています。

（大内秀平）

なかなか宿題を提出できない子の成長を学級全体で見守る

対象：小学校中・高学年

進め方

『学び合い』初期

　Aくんは6年生になりました。5年生までなかなか宿題が出せず、担任の先生に指導されることが日常茶飯事。保護者への連絡も入れますが、本質的な解決にはなかなか至らず、担任の先生も頭を悩ませていました。学力的にも周りと比べると低い方です。

　Aくんが、宿題を出せないことはいつものことであり、そんなAくんにクラスの子どもたちも興味を示すこともありません。宿題の提出率の低さだけでなく、友だちとの関わり方にも課題があり、Aくんの言動には、周りの子どもたちの目がきつくなってしまいがちです。それがきっかけでクラスの雰囲気がよくないことがあったので、1学期の中頃（5月下旬〜6月中旬）にAくんと1対1で話をする場を設定しました。

　Aくんとは、クラスの子どもたちのAくんに対するイメージと宿題を出せないことについて自分ではどう思っているのか、どうなりたいのかをじっくりと話し合います。話し合った内容は、クラス全体で共有してもよいかをAくんに確認をとり、全体に投げかけます。Aくんの違いをクラス全体で受け入れることが、クラス全体の成長につながることを語りかけます。

　「Aくんは、宿題がみんなと同じように出せていないことは、今まで一緒に生活をしているからわかるよね。Aくんもこのことはよくわかっていて自分でも出さなきゃいけないけど、1人でやろうとするとみんなと同じ問題はできないんだって。Aくんと相談をして、みんなと同じではなく、Aくんの力に合わせたものを出して、まずはそれを確実に出すことを目標にしてみようと。Aくんの宿題は、みんなと比べると量も内容も簡単かもしれない。でも、Aくんにとったらそれがみん

62

なと同じ努力なのかもしれない。この考え方で進めてもよいかな」のように、Aくんの実態と願いを素直に全体に語りかけて、全体での承諾（納得）を取り、今後の実践の方向を決めます。

『学び合い』中期

「Aくんばかりずるいよな」という思いをもつ子や実際に担任に訴えてくる子が表出してくる頃だと思います。そのような子どもたちの声をAくんに伝え、Aくんとともに今後の方針を考えていきます。訴えにきた子と相談する機会をもち、「あなたは、どうしたいの？」とその子の成長もともに考える担任の姿を見せていきます。

『学び合い』成熟期

Aくんだけでなく、Aくんについて認めてきた集団としての成長を称賛します。1人の成長は集団の成長につながり、集団の成長は1人の成長をうながすことを全体に語りかけていきます。1人1人が「Aくんだけいいな」という考えではなく、自分の課題に向き合ってきたことが、Aくんの成長につながったことをクラス全体に感謝する心を伝えます。

考え方（及び指導スタイル）

どんな学級でも宿題や提出物を出せない子どもは必ずいるはずです。原因は、本人にあるのか、家庭環境にあるのか、教師自身になるのか様々です。原因を追及してもなかなか改善には至らないことも多いかと思います。どの子も「こうなりたい！」という思いは、もっているはずです。その思いを可視化し、学級全体で共有できる雰囲気づくりを大切にしていきます。

あり方

個人の成長と集団の成長は、車の両輪であると考えます。Aくんだけの課題を解決しようとしても、集団が育ってこないと「なんでAだけ」という声がなくなりません。互いの姿を教師がともに価値づけていくことによって集団としての高まりが見えてきます。

「教師がなんとかしなければ」という思いから「みんなの力で一緒に」というあり方でいたいと思います。

（渡邉拓）

子どもを信じてトラブルに対応する

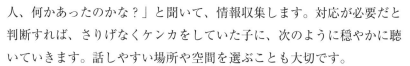

進め方

『学び合い』初期

　暴力等の危険がない場合は、すぐに介入せずに様子を見ます。周りの友だちに「あの2人、何かあったのかな？」と聞いて、情報収集します。対応が必要だと判断すれば、さりげなくケンカをしていた子に、次のように穏やかに聴いていきます。話しやすい場所や空間を選ぶことも大切です。

教師「(相手の) Bさんと、何かあったの？」

Aさん「俺は～してあげたのに、Bは～してきたんだ！」

　事情を聴く中で、仮にAさんに非があったとしても、聴いている最中に指導はせず、まずは共感しながら聴くことに徹します。

教師「……そうか、もし先生がBさんの立場だったら、～と思うかもしれないなぁ。Bさんも同じように思ったかもしれないよ。」

　と、感覚や受け取り方の違いに気づかせます。

教師「……Aさん、振り返ってみてどう思う？」

　と、自身の言動を振り返らせ、客観的に考えられるようにします。Aさんの話を聴いたら、

教師「そうかぁ。その気持ちを相手のBさんにも話せるとお互い分かり合えるかもしれないね。……どうしたい？」

　と、今後の行動を自分で選択・決定できるようにやりとりします。

　必要に応じて、Bさんへの対応も同様のスタンスで行います。

教師「……そうか、そういうことだったのね。……Aさん、誤解していたかもなぁ。話せるタイミングがあれば、話してみるとお互い分かり合えるかもね。」

『学び合い』中期

　初期から継続して、お互いの感覚や受け入れ方には違いがあることを語っていきます。多様性を認め、子どもたちは日々の中で違いを体感していきます。

『学び合い』成熟期

　相手に対する想像力をもち、ゆるやかな人間関係の中でお互いを尊重していけるよう子どもたちに接します。子どもたちは『学び合い』の考え方で過ごしていくと、友だちと関わることが増え、トラブルが増えるという場合もあります。しかし、暴力的な言動がなければ、基本、教師は介入しません。

考え方（及び指導スタイル）

　教師は自然体で調整役として関わります。大切なのは、それぞれの感覚や受け取りの違いに気づかせ、子どもたちが成長できるチャンスを教師が奪わずに見守ることです。ここで、残念な対応の例を挙げてみましょう。

　「そこの2人！何やってんの？　先に言ったのはどっち？　それは言葉の暴力です！ いじめだよ！謝りなさい！」などのように、教師の威圧や脅しなどで対応することです。

　子どもたちは恐怖から、一応「ごめんね」と謝り、相手の「いいよ」の言葉で収めますが、謝った方は納得しないままの状態が今後も続いていくでしょう。このような対応の歪みが積み重なると、今後の学級経営にも影響します。教師はトラブルを早く解決しようとして、カタチだけの和解をしがちですが、子どもたちにとっては解決も成長もしていません。むしろ問題解決できる機会さえ奪ってしまうこともあります。

あり方

　相手の多様な考え方や感じ方に気づき、認め合うことで心にゆとりができます。心にゆとりをもつことで、お互いに尊重し合える集団となっていきます。また、子どもたちが自分たちで問題解決し、これからの社会を生き抜いていくためにも、私たち大人は子どもたちの力を信じて介入し過ぎずに見守っていくというあり方が大切になります。　　　（寳森公喜）

お楽しみ会に参加してくれない子がいる

進め方

『学び合い』初期（4〜5月）

　リーダーシップのある子が中心となってお楽しみ会を進めている中、1人全く別の行動をする子がいます。会を邪魔するでもなく、自分のしたいこと（読書やお絵かきなど）をしている、そんな状態です。

　仲のよい子が声をかけ参加を促したり、参加しないことに苛立ちを感じたりしている子もいるかもしれません。教師はどちらの気持ちも否定しません。会を先へ進めることを子どもたちに頼みます。そして、1人でいる子の近くに行き、「何かあった？　みんなと一緒にやらないの？」と声をかけ、少し離れて様子を見ながらもそっとしておきます。

『学び合い』中期（6〜10月）

　それぞれの係活動が盛り上がり、様々な遊びや発表を考えます。その子は自分の係活動だけに気ままに取り組んだり、全く何もしていなかったりという状態です。会が始まると、周りの子どもたちはその子に対して優しく、「やる？　やらない？　どうする？」と選べるような声をかけたり「一緒にやろうよ」と肩を組んで、誘ったりしています。教師はその場で「そうして気にかけているって素敵だよね」と声をかけたり、後でこっそり感謝の言葉を伝えたりします。その子も、そうして見てもらっていることに悪い気はしないでしょう。

『学び合い』成熟期（11〜3月）

　「先生、お楽しみ会をしたいので時間をください」「体育館って使えますか」など、内容だけでなく、場所や時間も子どもたちで計画します。試行錯誤しながらもパワフルに進んでいきます。お楽しみ会当日、たとえその子が参加していなくても「その場に一緒にいる」ということが大

切なことを子どもたちは知っています。教師も声はかけず、子どもたちがその子をいないかのように楽しむのではなく、目を配ったり、ときに声をかけたりとつながりをもちながら会が進む様子を笑顔で見守ります。

考え方（及び指導スタイル）

みんなと同じことができないことは、自分勝手だ。集団の中にいるのだから自分勝手な行動は許されない。そんな考えもあると思います。確かに規律が大切なときも間違いなくあります。

ただ、お楽しみ会という場面で考えたとき、その子は本当に参加したくないのでしょうか。もし参加したいのに参加できないのであれば、何が妨げになっているのでしょう。そもそも、参加している子どもたちは、本当に全員が心から参加したいと思って取り組んでいるのでしょうか。子どもたちの行動に表れている様子ばかりに注目するのではなく、原因や背景に目を向けて考えることが大切です。

そのためには、日頃から子どもたち同士の関係性を丁寧に観察する必要があります。授業のときの関わりでは、誰と誰がグループになりやすいのか、休み時間に友だちを引き連れて出て行くのは誰なのか、関わりをもちづらく困っているのは誰なのか、そんな子に気づき、手を差し伸べるのは誰なのか、子どもを観察する視点をたくさんもちながら考え続けます。

あり方

「教室はどの子も安心していられる場所であるべきだ」。この考えが徹底できているか自分に問い続けます。言葉ばかりの「みんなちがって、みんないい」となっていないか。揃うことに気持ちよさや、手軽さを感じていないか。学級1人1人の個に応じた手立てを取ることが難しいことをわかりながらも、それでも何かできることはないか、と日々その苦しさと向き合い続けていくことです。

（小島貴之）

雨の日の教室が騒がしい

 対象：小学校全学年

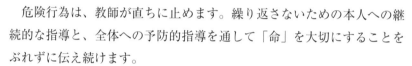

進め方

『学び合い』初期（4〜5月）

　雨の日の休み時間、ハサミを持ったまま教室を走り回っている子がいます。

　「危ない！　やめなさい！」

　危険行為は、教師が直ちに止めます。繰り返さないための本人への継続的な指導と、全体への予防的指導を通して「命」を大切にすることをぶれずに伝え続けます。

『学び合い』中期（6〜10月）

　梅雨の休み時間、危険行為は見られませんが、エネルギーを持て余した子どもたちは、ハイテンションで何だか落ち着きません。

　「先生とお散歩しない？」

　希望する子も一緒に校舎内を歩きます。好奇心旺盛な低学年が一行に加わり大所帯となることもあります。落ち着いて過ごす4年2組の姿が目にとまったので、教室に入ります。

　「雨の日も落ち着いて過ごしている、4年2組の素敵な様子をちょっと紹介させてもらえませんか？」

　4年2組の子どもたちは目を輝かせます。子どもたちと担任の先生に許可をもらってタブレットで様子を撮影させてもらいます。

　給食時間の最後の5分間で、撮影した動画や写真を大型テレビに映し出しながら学級で紹介します。

　昼休み、学級の子どもたちと改めて4年2組を訪れます。

　5校時、全員で車座になります。4年2組を実際に訪れて気が付いたことや、雨の日の過ごし方について思っていることを聴き合います。

　「見たことがない係があって、仕事をしたり掲示板のところで話し合

ったり、楽しそうに活動していました。私たちもやってみたいです。」

「読書や自主学習に黙々と1人で取り組んでいる人もいました。」

「うちのクラスはたまに走っている人がいて、やめてほしいです。」

「雨の日はカードゲームをしても良いことになっていますが、4年2組はルールを守ってやっていました。私たちもあんな風に過ごしたい。」

『学び合い』成熟期（11～3月）

強風や雪で外遊びができない日が続いている休み時間ですが、あの4年2組のように子どもたちは過ごしています。校舎内を歩いてまわります。廊下には、校庭が使えないときの過ごし方を紹介するポスターが貼られています。どの学級も、危険な行為は見られません。活気はあるのですが、騒がしいというわけではなく、それぞれ思い思いに過ごしていて「何だかいい感じ」です。給食時間には、放送委員会が取材をして作成した4年2組の休み時間の様子を紹介する映像が放送されています。

考え方（及び指導スタイル）

教室の中だけで問題を解決しようと視点を「蛸壺化」するのではなく、学年や学校、地域や社会など「大海」に視点を向けられることがときに解決の糸口となります。上学年を手本にすることが定石でしょうが、必ずしもそうできない校内事情も有り得ます。下学年からもいいところを積極的に学ぶ姿勢を大切にしたいものです。「我以外皆我師」という吉川英治（小説『宮本武蔵』で有名な作家）の言葉が大好きです。1つの学級の素敵な取組が学校全体に広がるのも特別活動の醍醐味です。「何だかいい感じ」を肌で実感できると子どもたちが変わります。

あり方

「ちょっと力を貸してもらえませんか？」

こういったときに、力を貸してもらえる「関係性」が他学年の子どもたちや職場の同僚、地域の方々と育めているだろうか？

学級王国を築いていてはこうはいきません。

力を貸してもらえる人でありたいものです。　　　　　　（鈴木優太）

縦割り活動を高学年に任せる

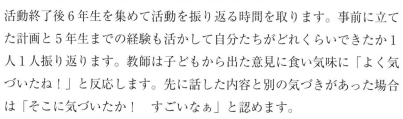

進め方

『学び合い』初期（1回目）

　活動の終わりの振り返りに全力を注ぎます。
活動終了後6年生を集めて活動を振り返る時間を取ります。事前に立てた計画と5年生までの経験も活かして自分たちがどれくらいできたか1人1人振り返ります。教師は子どもから出た意見に食い気味に「よく気づいたね！」と反応します。先に話した内容と別の気づきがあった場合は「そこに気づいたか！　すごいなぁ」と認めます。

『学び合い』中期（3回目）

　事前のわずかな打合せに、前回子どもから出た「気づき」を確認します。時間はごくわずかなので、はじめは教師が進めてもかまいません。

　「こないだAさんは、説明に無駄な時間があった、と振り返ったメモが残っているよ」「じゃあ、次はそれを意識してやってみようか」「Bさんは何て話していたかな？」6年生が前回の気づきを自分事として捉えて今回を行います。そして、直後に再び振り返りをすることで、成長の実感をもてることを大切にしています。

　また、グループ全員で話を聞くので、課題が共有されてお互いを意識しながら次の活動に入れます。例えば、下学年が話を聞かなくて困っているときに、リーダーの6年生が「静かにしよう」と言いました。周りの6年生が手で「しーっ」というポーズをとると、今までより簡単に指示が通り、活動の時間が増えました。活動終了後の振り返りで「6年生のおかげでみんな楽しんでいたね」と話し、活動中のそれぞれの動き（役割）がどうだったか尋ねます。

『学び合い』成熟期（5回目）

　教師は見守ることに全力を注ぎます。6年生以外にも周りを気にして

動く子たちが出てきました。教師は目が合う子にニコッと微笑みかけます。6年生はムードメーカーを見つけ、さらに盛り上げます。関係がよくなってきたので、特性を理解してその場をつくろうと動き出しているのです。

考え方（及び指導スタイル）

上手く進まないと、最高学年の6年生なのに……やる子とやらない子の差が激しい……と思うかもしれません。そこで、担当の先生からきつい指導をしてしまうのはどうでしょう。子どもの気持ちを考えると、担当の先生とわずかな打合せしかしていない、これまで進行や異学年交流の経験をたくさん積んできたわけじゃないと思うことでしょう。

第1に、6年生という学校のリーダーを下学年がいる前で厳しく叱った場合、立場や6年生の主体性が失われるかもしれません。そして、その場の空気が悪くなり教師主導の活動になりかねません。

第2に、初めて出会う子たちは、お互いを知らないので、相手のことを考えても関わりには限界があります。相手を知る時間が必要です。

第3に、その場にいる全員の気持ちを考えることが大切です。教師が進め方に不満をもっていても、下学年の子たちは意外と気にしていないことがあります。初めて会うことにドキドキしたり、今日は何のゲームをするのかなとワクワクしたりする子もいます。そんな中、教師の価値観を無理に押しつけると子どもと教師の間に温度差が生じてしまいますので、子どもの声に耳を傾けましょう。

あり方

全員の気持ちを一番に考えた場合、スムーズに進行することだけがゴールではありません。教師は口を挟みたくなっても主導権を握らず、余裕をもって「待つ」姿勢が大事です。活動の様子を俯瞰的に観察して認めることで、さも自分たちの力で成功したかのようにもっていくのです。

（高橋恵大）

長縄跳びのような行事を
価値ある取り組みにする

対象：小学校中・高学年

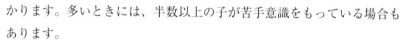

進め方

初練習の場面

　「今日から長縄跳びの練習を始めます」と
子どもたちに伝えると、子どもたちの表情か
ら、どの子が苦手意識をもっているのかがわ
かります。多いときには、半数以上の子が苦手意識をもっている場合も
あります。

　初めは、縄を床に置いた状態でそこを跨ぐ練習をします。同じ足でリ
ズムよく跳ぶよう指導します。縄を跳ぶ感覚を掴んできたら、担任がゆ
っくり大きく回します。そして、最後に、3分間に何回跳ぶことができ
たかを計測します。担任はどんな記録であっても明るく笑顔で「ここか
ら頑張っていこうね」と全体で振り返りを行います。その後、目標記録
と目指すクラスの姿の2点を話し合います。

長縄跳びに熱中してきた場面

　記録を折れ線グラフや表などで掲示すると、自分たちの成長が視覚化
されクラスが長縄跳びに一致団結して取り組もうとします。記録が伸
び、練習に熱中すると、ミスをする人に対して厳しくなるようになりま
す。そうなる前に、ミスをした人に対する約束ごとを決めます。例え
ば、『「ドンマイ」と全員で言う』『ミスをした人の前後の人が声を掛け
る』などといったようにミスをした人へのフォローが入るよう指導しま
す。

記録が停滞してきた場面

　上達すればするほど、記録が停滞してきます。記録を目指し熱中する
あまり、友だちへの声掛けも厳しくなり、よくない雰囲気で長縄跳びの
練習が始まってしまうことがあります。こういったときには、目指すク

ラスの姿を確認します。記録だけではなく、よりよい人間関係を育むことも目的であると確認し、練習を始めます。

考え方（及び指導スタイル）

　長縄跳びが苦手な子はクラスに必ずいます。練習を始めるにあたって、まずは、その子が、長縄跳びを嫌いにならないやり方や、上達するやり方を重点的に指導しています。例を１つ挙げると、曲を流しながら練習をしています。苦手な子もリズムよく跳ぶことができたり、楽しさを感じたりしながらできるので、よく音楽をかけて練習しています。

　苦手な子は、友だちの目を気にします。「失敗したらどうしよう」と、不安な気持ちをもちながら活動に取り組んでいることが多くあります。そのために、苦手な子への個別指導だけでなく、全体へそういった友だちへの関わり方を指導します。

　そして、長縄跳びで一番熱くなってしまうのが、担任です。熱くなりすぎると、口をはさむことが増え、教師主導になってしまいます。また、子どもではなく記録を見てしまい、褒めることもなく、強く叱責してしまいそうになります。私は、その思いをぐっと堪え、記録係に徹します。そうすることで、自然と子ども同士の関わりが増え、関係づくりを促進することができると思います。そして、教師自身も穏やかな気持ちで学習に取り組むことができます。

あり方

　こういったクラスが一致団結する活動では、熱中すればするほど、同調圧力が強まります。そこに反する人は、自分の気持ちを押し殺してクラスで過ごすことになります。

　長縄跳びは、ミスする人が目立ってしまいます。学ぶ上でミスや失敗はつきものです。大切なのは、ミスをした後です。ミスをした人は繰り返さないように努力すること。周りは、ミスをフォローしていくという姿勢を長縄跳びの練習を通して身に付けて欲しいです。

（清野弘平）

意味や価値を考えた清掃活動を行う

対象：小学校全学年

💬 進め方（場面）

『学び合い』初期（4〜5月）

　「学校のスタンダードとして決められているから無言で掃除しなさい」「無言と書いてあるでしょう」と指導することは簡単ですし、教師間の指導のズレも生まれません。

　しかし、もし無言清掃すること以上を望まないのであれば、それは子どもにとって不幸なことです。なぜなら、考える機会を奪うことだからです。授業では自分の考えをもつことが求められているのに、生活の中では従えというのは違います。ですから、「無言清掃」を押し付けることだけはさけるようにします。

　「喋らない王決定戦」のようにして遊びの中で喋らないで掃除をすることを体験したり、両極を体験したりすることで、価値を見出します。学級の状態によっては、「学校のスタンダードだから……」と初期にあえて指導することもありますが、それはその後を見据えてのことです。

『学び合い』中期（6〜10月）

　考えない学級では、『学び合い』は成立しません。子どもたち自身が最適な選択を考えていくことが、実生活につながる力だと考えます。そこで、「なぜ、無言清掃がスタンダードになったのだろうか？」「無言清掃のよさってなんだろう？」「他の活動が無言だったらどうだろう？」と価値を考えていきます。この時間こそが価値を見出す時間です。

　この問題に「掃除が早く終わるため」とだけ結論づけるならば、話し合う必要はないでしょう。疑問をもち、価値を自身で獲得していくには、お喋りをしながら掃除をしてみる、掃除の間に何を喋っているか記録してみるなどして、自分で発見する機会にするのです。そして、自分

自身の中で掃除をする目的、協力する意識を育むことができたらよいと思います。

『学び合い』成熟期（11〜3月）

掃除の時間に声を掛け合いながら協力して掃除を行う。無言で掃除を行い、前後に工夫や声かけを行う。どちらも正しい方法の1つです。問題なのは、どうせ誰かがやってくれると適当に掃除をすること。子ども同士の意思にズレがあって、ちゃんと掃除をしない人とする人の間で不満がたまることです。

同様に、ただ無言清掃をスタンダードだからやり続けていることも問題です。子どもの中で価値を見出し、授業に間に合うように必要ならば声をかけ、集中して掃除を行うことができたらよいと思います。こういうことは、学級だと、100％全員が毎日こなさなければならないように見えます。しかし、だれしも気が乗らない日はあります。そのときにフォローし合える関係まで考えていけたらよいと思います。

考え方（及び指導スタイル）

大切なのは、子どもが時間内に掃除を終わらせようと考えた結果、無言清掃を選択したということです。ですので、絶対解ではありません。一番目指したい方向は、「掃除の必要性を理解して、自ら率先して掃除をしようとすること」です。そのために、無言清掃を選択しようが、他を選択しようが学級で合意した方法を取ればよいのです。

あり方

スタンダードを定め、学校運営をスムーズに行おうとする傾向があります。その意味も十分にわかりますが、だからといって教師がスタンダードを使って方法を押し付けては本末転倒です。大事なことは、スタンダードに従うだけでなく、学びに変換していくことです。

（紺野悟）

放課後に生じやすい行き違いによる
トラブルを回避する

対象：小学校全学年

進め方

　ロールプレイを通してトラブルを子どもたちと一緒に考えます。

教師「放課後に 6 人で鬼ごっこをしているとき、何も言わずに急に帰る友だちがいたらどう思う？」

子ども「よくないと思う。」

教師「そうだよね。でも、急な用事を思い出してみんなに何も言えないで帰った場合はどう？」

子ども「うーん。でも、誰かに言うべきだと思う。」

教師「何かあったのか心配になるし、裏切られたのか勘違いしちゃうかもしれないよね。じゃあ、そのときの気持ちを一緒に考えてみようか。」

　そのときの状況を整理して 6 役を即興で設けてロールプレイをします。

教師「S さんは急に帰ることを思い出してみんなに何も言わないで帰っちゃったけど、そのときの気持ちはどうだったかな？」

S さん「もう帰ることに必死で友だちのことを考えられなかった。」

子ども「急にいなくなったからみんなで探したし、心配だった。せめて一言あってもよかった。」

教師「そうだよね。お互いの気持ちがわかるなぁ。先生も子どもの頃、放課後遊びが大好きでした。はしゃぎすぎて、自分勝手になっちゃったことが何回もあったし、友だちに迷惑をかけたこともありました。だから、どっちも気持ちはわかるなぁ。だけど、やってはいけない行動ってやっぱりあるよね。みんなはどう思う？」

　ペアトークなどで話し合います。このときに自分の普段の放課後の過ごし方を振り返るきっかけをつくります。

最後に教師は「そのときの気持ちと行動を考えられたね。素晴らしいです」と認めます。トラブルが起こったときや子どもから相談を受ければ教師は丁寧に対応します。ですが、当事者だけで解決して終わりではなくクラス全体でそのことについて一緒に考えます。問題やトラブルが起こったときの対処法を共に学ぶことができます。

考え方（及び指導スタイル）

一度アウトプットしてからの方がインプットしやすいので、子どもの考えを引き出してから教師の説話を行います。話を聞く際、子どもの気持ちに共感しますが、やってはいけないことは指導します。『学び合い』は子どもたちに判断を委ねることがありますが、生徒指導案件は教師の判断を必要とすることが多いです。

その際にロールプレイを通してみんなでトラブルが起こらないようにするためにはどうすればいいのかを考えます。トラブルが起こるシチュエーションを共有して話を進めることにより、周りで聞いている子も当事者になったつもりで聞けます。上手く子どもたちの心に落ちると自分たちが同じような場面にあったときに、ロールプレイをしたときのことを思い出して自分たちで解決しようとするでしょう。大事なことは「気持ち」を聞くことです。気持ちを聞くことで、そのときの場面を想起しやすくなったり、その後の出来事や心境を深堀りしやすくなったりします。はじめの方は教師が進めてもいいですが、何回かやっているとクラス全体がトラブルへの耐性がつくので、クラス会議の議題に挙がったり、自分たちで解決できたりするようになります。

あり方

教師の力だけでトラブルに向き合わず、子どもと一緒に考えたいです。当事者である子どもの話は丁寧に聞くもののトラブルがあった場に教師がいることはほとんどないです。その場にいた友だちまたは同じクラスの子の話や考えは、教師より当事者の気持ちに寄り添った場合が多いです。教師は1人で抱え込まず、「子どもたちと一緒に考える」というあり方を大事にしたいです。

（高橋恵大）

当番活動を1年間良好に続けていく

対象：小学校中・高学年

 進め方 ．．．．．．．．．．．．．．．．．．．．．．．

当番活動が定着するまで

　当番活動がスタートした時期の子どもたち
は、当番の仕事に熱心に取り組みます。しか
し、そういった時期に欠席者がいた場合は2
つのパターンが考えられます。

　1つ目は、欠席者の仕事を誰もやっていないことに気づいた子どもが
いて、代わりに仕事をしていた場合。そういった子どもを見つけたら、
全員の前で紹介します。

　2つ目は、当番の仕事が滞っていても誰も気づかない場合。そういっ
た場合は、ぐっと我慢です。見守ります。欠席者の仕事が滞り、不具合
が生じたときこそチャンスなのです（不具合が生じない仕事は本当に当
番として必要なのかも含めて話合っていきます）。

　不具合を子どもたちが感じたところで話合い活動を行います。議題
は、「休んだ人の仕事をどうするか」とします。話合いの中で「隣の人
がする」「気づいた人がする」など、様々な意見が出ます。意見を1つ
に絞り、試しに1週間行ってみます。1週間後、振り返りを行います。
別の方法にする場合は再度話合い活動を行います。

当番活動が定着してきたら

　話合い活動で出た意見の中から自分たちがしっくりくるものを選択
し、行動するようになると、スムーズに当番活動が進みます。しかし、
定着すると同時に、4月に比べ当番活動の意欲が減退します。そういっ
た時期には、欠席した人の当番活動を代わりに仕事をしてくれる子ども
が固定化するという課題が出てきます。こうなった場合は、それを議題
に再度話合い活動を行うようにします。

● 考え方（及び指導スタイル）

当番活動は１人に１つ当番を与える「一人一役当番」方式で行っています。自分の仕事に責任をもち、取り組むことをねらいにしています。

当番の仕事が滞ると教師は声を掛けてしまいそうになります。早く声を掛けると子どもは仕事が滞っていることに気づけません。よかれと思った教師の一言で子どもの気づきを奪い、「自己選択・自己決定」の機会を奪ってしまうのではないかと思います。

欠席者が出たときは、学びのチャンスであると捉えるようにしています。教師が声を掛けないのは、子どもたち自身に気づいて欲しいからです。ここで教師が声を掛けると、子どもは自分事とせず、何も考えず、教師の言われたままに行動する可能性があると思います。

話合い活動は振り返りをするという視点で行っています。個人ではなく、全体で振り返りを行うのは、俯瞰的に自分を見つめるためです。小学校段階で俯瞰的に自分を振り返るのは、容易ではありません。だからこそ『学び合い』の中で俯瞰して自分を見る力を養っていきたいです。

● あり方

『学び合い』とは、学級の課題を全体で共有し、責任を分担することだと考えています。『学び合い』を機能させるには「自己選択・自己決定」する力が必要だと考えています。課題に向かう主体性は、「自己選択・自己決定」が大きく影響します。そういった力を身に付けさせるために、振り返りが必要だと思います。振り返りをすることで自分を俯瞰的に見ることができ、「自己決定・自己選択」の幅が広がると思います。

学級経営において、私が意識しているのが「平等性」です。社会とは平等であり、不平等でもあります。人はみな平等でありたいという理想をもち、人は話し合う中で問題を解決していきます。当番活動は社会でいう仕事です。仕事は平等性・不平等性を感じやすい側面をもちます。子どもたちには当番活動を通して、ときに話合い、平等性を感じ取ってほしいです。

（清野弘平）

当番・係活動の内容を更新し続ける

対象：小学校中・高学年

進め方

『学び合い』初期（学期始め）

　学期始めには、当番や係決めが行われます。そのときに、当番活動や係活動の意味や意義について話をしましょう。当番活動は誰かが必ずやらなければならない仕事であること。係活動は、なくてもよいが、学級をよりよくしていくために行う活動であること。そして、これらの活動は、どちらもよりよい学級づくりのために1人1人が責任をもって取り組むべきものであるため、一生懸命に取り組んでほしいということを語りかけます。このような話をすることで子どもたちは、積極的に当番活動や係活動に取り組んでいきます。

『学び合い』中期（学期半ば）

　最初は一生懸命に取り組んでいた当番活動や係活動でしたが、徐々にさぼってしまう子が出てきます。こういった状態に陥いるのは、活動がマンネリ化し、行き詰まっていることが原因ではないでしょうか。

　そのようなときには、子どもたち自身が活動を振り返り、改善点を明らかにしていくことが大切です。そこで、学級活動の時間を活用し、「当番・係活動レベルアップタイム」を実施します。これは、当番や係活動の中で、困っていることを挙げて、友だちに解決策を考えてもらう活動です。

①当番や係ごとに活動の中で困っていることを大きな画用紙に書き出して机の上に置きます（なるべく具体的に書かせるようにします）。

②みんなで教室内を回り、困っていることに対するアドバイスを書き込んでいきます。

③当番や係ごとに書かれたアドバイスについて話し合い、実行できるも

のは取り入れていきます。

このような活動を行うことで、活動に対する意欲が高まり、積極的に取り組めるようになってきます。

『学び合い』成熟期（学期末）

「当番・係活動レベルアップタイム」によって、活動が充実してきた当番や係では、さぼってしまう子もいなくなり、仕事の偏りもなく、みんなが意欲的に活動しています。

しかし、順風満帆にいかないところも出てきます。そのような当番や係は、係活動コーナーを活用し、自分たちで「レベルアップタイム」を行っています。

小さなメモ書きに「困っています」と見出しを付けて、アドバイスを求めるようになりました。子どもたちはそれを、「困ッター（困りツイッター）」と呼び、困りをつぶやけば、友だちからのアドバイス（リプライ）がもらえると信じ、活動を修正しながら取り組む姿が見られるようになります。

考え方（及び指導スタイル）

本実践は、子どもたち自身が課題を把握し、解決策を考えることで、当番活動や係活動を充実させ、意欲的に取り組めるようにしていくことをねらったものです。当番活動や係活動は、よりよい学級づくりのために１人１人が取り組む活動です。だからこそ、子どもたちによる自発的な改善を促すことが大切だと考えます。

あり方

教師は指導の即効性を求め、直接的な指導を行いがちです。当番活動や係活動をさぼってしまい、仕事に偏りが出てしまうのはなぜでしょうか。もしかすると、子どもたちも活動に行き詰まりを感じているのかもしれません。子どもたちを責めるのではなく、子どもたちの気持ちに寄り添い、活動を工夫していこうとする教師のあり方が大切です。

（千守泰貴）

停滞してきた係活動を
協働の力で乗り越える

対象：小学校中・高学年

この間のレク、
〇〇がよかったよ。

💬 進め方

『学び合い』初期（4〜5月）

　多くの子どもが、期待と意欲をもって活動に取り組む時期です。見通しをもって活動ができるように、係活動の目的（よりよい学級づくり）や約束（お金をかけない、道具は先生が用意する等）を子どもと確認しておきましょう。また、子どもの活動への願いや考えを尊重しましょう。

　この時期は、教師も係活動をよりよくしようと、ついつい子どもたちに指導（子どもたちにとっては"口出し"）をしてしまいます。しかし、それでは子どもたちの学び合いの機会を奪うことになります。

　また、「自分たちだけでやりなさい」と、突き放すこともあってはいけません。「いつでも相談にのるよ」と子どもに寄り添い、活動が成功したときには一緒に喜んだり、失敗したときには助言したりするなど、子どもたちの活動を支援するという立場で見届けていきましょう。

『学び合い』中期（6〜10月）

　係活動の停滞が起こりやすい時期です。活動が上手くいかない、行事等でそもそも時間が確保できないなどの要因が考えられます。この時期には、周りの友だちからの助言や、自分たちの活動を肯定的に捉えて次の活動に生かしていくことが必要になってきます。そこで、係活動の停滞が気になっている子どもの声を取り上げ、子ども同士で活動の成果と課題を振り返ったり、次にどのような活動ができるか考えたりする場を設けましょう。

　「〇〇係の活動は、学級のみんなの仲を深めているよね！」「〇〇係で、こんな活動をしてくれると学級がもっとよくなるかも？」など、係活動について互いに評価し合う場を設けることで、子どもたちは、活動を振り返りながら互いに学び合い、次の活動への見通しや、自分たちの活動で学級をよりよくできるという意欲をもつことができます。

『学び合い』成熟期（11〜3月）

　それぞれの子どもが、「学級のためにやる」という思いで係活動に取り組むようになります。学級全体に活動の案を求めたり、他の係とコラボレーションしたりするなど、係の枠を超えて活動する子どもも出てきます。また、「この間のレク、こんなところがよかったよ」「○○新聞、こうするともっとよくなるんじゃないかな」「○○係さん、こんな企画やってよ」など、係を話題にした会話が日常的に聞こえるようになります。教師が学び合いの場を改めて設けなくても、子どもが自然と学び合いながら活動する姿が見られるようになるでしょう。

考え方（及び指導スタイル）

　係活動が停滞しないために大切なことは、教師が子どもの思いや願いを尊重すること、そして、子どもたちが互いの活動を認め合える場をつくることです。このことが係活動での学び合いを保証することにつながり、子どもたちは成功や失敗を繰り返しながらも意欲的に活動を続けることができます。

あり方

　子どもたちが"主体的"に行うことが望ましい係活動。しかし、"主体的"という言葉を捉え間違え、活動を子どもたちだけに任せたり、活動について考える時間を設けたりしないと、係活動は停滞してしまいます。係活動に限らず、子どもたちが互いに学び合いながら活動するためには、教師が子どもの願いや考えを尊重し、その実現のための見通しと振り返りの場を用意することで、学び合いの機会を保障することが大切です。

　そして、教師が子どもに寄り添い、活動に積極的に関わることも大切です。レク係の企画を一緒に楽しむ、新聞係のリクエストボックスに投稿してみる等、どのような形でも構いません。係活動を通して発揮される子どもならではの発想には、光るものがたくさんあります。係活動を通して、教師自身も、きっと子どもから学べることが多いのではないでしょうか。

（海老澤成佳）

各家庭の事情に配慮しネット上の
トラブルに対応する

進め方

『学び合い』初期（4〜5月）

　「学校で使うインターネットには強力な『フィルタリング』が設定されています。安全な情報だけを通し、失敗してしまってもみんなが守られるように働いています。さて、家庭ではどうですか？」

　初めての授業参観の5分間、親子で話し合う機会を設けます。その後の学級懇談会では「家庭でのインターネット（スマホ、タブレット、PC、ネットゲーム……）の使い方」を話題に挙げ、保護者と情報交換を行います。有害サイトの閲覧や課金可能な環境に危機感の薄い家庭が実は多いことがわかります。

『学び合い』中期（6〜10月）

　1人1台のタブレットを活用した授業で、スキルと平行してモラルを育みます。ネットモラルを学ぶ動画教材はとても使い勝手がよいです。しかし、異世界でのバーチャルな事象とも捉えられかねません。リアルな問題として掴めるように、ロールプレイなど体験を伴う学習活動にも取り組みます。ルールを守るのは「何のため？」を問い続けます。

　個人情報流失、莫大な請求金、裁判、依存症……誤った使い方のために、取り返しのつかない結末を迎えてしまった事例を共有します。授業の感想やアンケート結果等を学級通信やブログ等で積極的に家庭に発信します。7月の個人面談、9月の学級懇談会では「最近のネットの使い方はどうですか？」と、何度でも話題に挙げます。10月のフリー参観の1コマは外部講師を招き「スマホ安全教室」に取り組みます。

『学び合い』成熟期（11〜3月）

　ルールを守るのは「何のため？」が、合言葉になるぐらい問答し続け

てきました。鉛筆やノートと同じようにタブレットを学習で使うのが当たり前になっています。鉛筆も使い方を誤れば凶器と化します。

　12月の授業参観では、「どんなルールがうち（家庭）には必要？」を親子で話し合う機会を設けます。わずか5分間でも構いません。

🗨 考え方（及び指導スタイル）

　ルールを上から押し付けるだけでなく、「何のため？」という必要性を「子ども自身」が考え、行動できることが望ましいです。しかし、アカウントの取得や閲覧の年齢制限があるもの等、未成年の場合はその年齢に達しても、許可するかどうかは「保護者」が今現在の子どもの様子から慎重に判断する必要があります。ですから、「家族の話し合い」を促します。保護者が学校に足を運んだ機会には、わずか「5分間」でも、ネットとの関わりに親子で向き合う「きっかけ」を設けます。

　……それでも、問題が起こってしまうことがあります。

　教え子1人1人の人生の全てに、私たちは責任をもつことができるわけではありません。「家庭のこと」と割り切り、保護者に委ねることがときに必要です。我々教師にも、家族がいて、生活があるのです。

🗨 あり方

　「家庭のこと」と線引きすることは見捨てることになっていないか？というジレンマが付きまといます。もしも⁉のときに、教師が割り切れるアリバイづくりに私たちは必死なのかもしれません……。そんな悩みも、子どもたちや保護者と「分かち合い」ながら進んでいます。答えのない問題だから対話が必要です。

　子どもはトラブルを起こすものです。トライ＆エラー＆「リトライ」が保障されていると、トラブルは成長できるチャンスとなります。しかし、ネット上のトラブルは「リトライ」が難しく、取り返しのつかない結末を招きかねません。「デジタルタトゥー」という言葉もあるほどです。だから「予防」に心血を注ぎます。

（鈴木優太）

場面緘黙<ruby>緘黙<rt>かんもく</rt></ruby>の子も心地よく過ごせる配慮をする

対象：小学校全学年

💬 進め方

『学び合い』初期

　教室の中で、友だちと話すことが苦手で話しかけられても上手に返すことができなかったり、自己紹介など教師や多くの子どもにとっては簡単に思えることでも、前に出て発表しようとすると固まってしまったりという様子が見られます。そんなときには、「緊張していても、頑張って前に出て来られたね」と、その子の現在地を認める声かけをします。

　また、教師が代読することや、友だちに代わりに発表してもらうという方法も考えられます。そこから、少しずつ発表する楽しさを味わい、自分で発表しようとする姿も見られるようになります。

『学び合い』中期

　学校生活が続くと、場面緘黙の子が会話をしない状況に対して、子どもよりも担任が不安を覚えます。そんなときは、その子に話すことを無理強いするのではなく、周りの子にその子への関わり方について方法を示します。

　話し合いや遊びの中であれば、「どっちがいい？」と選択肢を出して聞いてみること、授業中であれば「大丈夫？」「ちょっとノート見てもいい？」と一声かけて関わることなどです。

　学級の子どもたちが生活の中でどんなときに関わりに困っているのかを教師が知っておくことで、子どもたちに寄り添ったアドバイスをすることができます。そのため、授業中だけでなく休み時間の様子も気をつけて観察するようにします。

　また、子どもたちも、どんな接し方をすればいいのかがわかると、自然と関わりが増えていき、場面緘黙の子の安心感にもつながっていきます。

『学び合い』成熟期

　その子への関わりが定着してくると、子どもたちは場面緘黙であることを特に気にせずに関わります。その子の活躍できる場を子どもたちが考えたり、温かい目で発表の場を見守ったりしながら、日々の生活を過ごします。

考え方（及び指導スタイル）

　何よりも大切なことは、場面緘黙の子に「あなたはどうしたい？」と聞きながら支援を進めていくことだと考えます。これは場面緘黙に限らず、子どもたちと話すときには、いつも聞くように心掛けます。教師のこうなってほしいという思いだけではなく、子ども自身がどうありたいのかということを考えながら、必要な支援をしたり、方法を提示したりしていきます。

　場面緘黙の子は緊張から、教師との会話がうまくできない場合も多々あります。その際も選択肢を用意して選んでもらうことや、気持ちを表すカードを準備しておくと話し合いがスムーズに進みます。

　また、場面緘黙を個人の問題行動と捉えるのではなく、どの子も居心地のよい学級にするためには、どうしていけばいいのかと学級の問題として捉えます。その子だけをどうにかしようと、こだわってしまうと視野が狭くなります。個人を内包する学級をどう育てていくかと、広い視野で向き合っていきます。

あり方

　教師が余裕をもち、何事も笑顔で受け止めることを大切にします。教師の思う通りに物事が進まなかったり、うまくいかないことばかりであったりしても、まずは笑顔で受け止めます。そうすることで、子どもたちは安心し、少しずつ自分らしさを出していけるようになります。

（小島貴之）

『学び合い』の授業開きの語りは こうする！

進め方

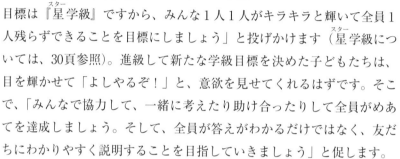

授業始めの語り

　「今から、○○○○をやります（教科書や ドリルなどの復習問題）。このクラスの学級 目標は『星学級』ですから、みんな1人1人がキラキラと輝いて全員1 人残らずできることを目標にしましょう」と投げかけます（星学級については、30頁参照）。進級して新たな学級目標を決めた子どもたちは、 目を輝かせて「よしやるぞ！」と、意欲を見せてくれるはずです。そこ で、「みんなで協力して、一緒に考えたり助け合ったりして全員がめあ てを達成しましょう。そして、全員が答えがわかるだけではなく、友だ ちにわかりやすく説明することを目指していきましょう」と促します。

　すると、子どもたちが目標達成に向けて、それぞれが最善と判断した 方法で主体的に学習を進める姿を、いたるところで見つけることができ るでしょう。

授業（活動）中の可視化

　そこで、「○○さん速い！一番星だ！」「○○さんと○○さんは、答え は一緒だけど考え方が違うようだねぇ。どちらもキラキラと輝いていて まぶしいなぁ」などと、子どもたちの学習の様子を学級目標に照らして 認めたり称賛したりしながら、学習状況を可視化していきます。その 際、子どもたちの学習の様子を丁寧に見取り、輝いている「地上の星」 を見つけ、フィードバックすることを意識しましょう。

　このように、学習状況を可視化することで、『学び合い』の授業イメ ージを子どもたちと共有できるようにします。

授業終わりの語り

　授業の終わりには、学んだこと、友だちに教えてもらったこと、友だ

ちに説明したこと、学習の進め方などをふり返りながら書く活動を行います。「友だちと話し合ったり、アドバイスをもらったりして自信をもててよかった」など、自身の学びの過程をふり返って書いたことを、学級全体にもフィードバックします。このように、フィードバックを繰り返していくことで、子どもたちが『学び合い』のよさを実感できるようにしていきます。

考え方（及び指導スタイル）

『学び合い』の授業を進めるにあたり、どうして「全員がめあてを達成すること」を目指すのかを伝え、それが自分たちの願いが込められた学級目標に基づいていることを丁寧に説明することが大切です。

「最近めあてが達成できないな……」「いつも仲良しグループの友だち同士で学び合っているな……」「あの子はいつも1人で学習しているな……」「教える側と教わる側が固定化しているな……」

『学び合い』の学習を積み重ねていくと、このような悩ましい場面に出合うことがあります。子どもたちは必ずしも教師の意図通りに『学び合い』を展開するとは限りません。そんなとき、大切にしたいのが学級目標に基づくフィードバックです。どんな学びの姿がよいのか、そしてどんな価値があるのかを語り続けていくことが大切です。フィードバックを積み重ねていくうちに、子どもたちは授業の終わりに自分はどうなっていればいいのか、常にゴールをイメージしながら課題に取り組むことができるようになっていきます。

あり方

教師の役割は、「学級目標」を拠りどころに、子どもたちの学びの姿を価値づけていくことだと言えます。こうした評価・フィードバックを積み重ねていくことで『学び合い』の考え方が子どもたちに浸透し、浮足立った感じのないしっとりとした『学び合い』が展開されていくのだと思います。

（久能潤一）

雰囲気よく授業の課題を
みんなの力で達成

対象：小学校中・高学年、中学校全学年

💬 進め方 ....

『学び合い』初期（4〜5月）

　全体を俯瞰するように、遠くから子どもの姿を見ることが多いです。カメラを持ち、輝いているの姿を探します。子どもの空間を邪魔しないように、少し離れた位置からズームして撮影します。1人で学んでいる姿、友だちと学び合っている姿、誰かのために行動している姿、様々です。ピースなどをする様子を撮るときもありますが、自然な姿や表情を撮ることが多いです。課題が全員終わったら、カメラをテレビにつなぎ、子どもたちの姿を映し出します。写真に説明の必要がある場合は、教師の言葉で説明や価値づけを行いますが、その他は音楽なしのスライドショーのように流します。ときには動画で流し、そのときの雰囲気を感じ取ってもらうこともあります。「1人1人が輝き、協力して課題を達成できるなんてすごい。君たちを信じてよかった。なんだかうれしいね」。全体に声掛けをします。

『学び合い』中期（6〜10月）

　写真の場面について、問いかけていきます。

教師「Aさん、このとき何でBさんのところに行ったの？」

Aさん「Bさんがずっと1人で頑張っていたので、そろそろ声を掛けようかなと思って。」

　写真を見せる量は以前より少なくなりますが、その場面についてより深く全体で考えていきます。

『学び合い』成熟期（11〜3月）

　子どもたちの言葉で学習の振り返りを行います。

教師「Cさん、今日の授業で印象に残っている場面を教えてください。」

Cさん「Dさんが素早く課題を終えていました。その後周りを見渡し

て、困っていたＥさんを見つけると優しい声がけで丁寧に教えていました。友だちのことも考えていてすごいと思います。Ｆさんはどうですか？」

授業時間の許す限り、子どもたちだけで振り返りを進めていきます。

● 考え方（及び指導スタイル）

教師が机間巡視を通して学び合っている子どもたちの中に入っていくと、全体が見えなくなることがあります。子どもも同じで、自分たちが学び合っていると、全体がどのような雰囲気で進んでいるのか把握できないことが多いです。だからこそ俯瞰的に捉えて撮影し、視覚的にリアルに近い雰囲気を伝えることが大切だと思います。

自分自身の姿を、写真を通して客観的に見ると、新しい自分を発見することができます。しかし、提示した写真に対して教師が多くを語ってしまうと、教師の価値観が強くなり、その他の気づきを得ることができなかったり、子どもによっては負荷がかかったりすることがあると思います。教師が思っている以上に、子ども自身の中では多くの振り返りが働いているはずです。お節介にならないことを意識しています。

子どもたちの言葉で振り返りを行うときは、「聞いている人が頭の中でその場面を動画としてイメージできるようにしよう」と伝えています。綺麗な言葉にならなくても、自分の言葉で、そのときの場面を話すことが、その雰囲気を共有することに効果的であると思います。帰りの会で時間をかけて振り返りを行うこともいいですが、放課後の子どもの時間も多く確保してあげたいものです。その場の雰囲気を授業時間内で振り返ることを大切にしています。

● あり方

「森を見て、木を見て、また森を見る」。そんな感覚を大切にしています。なんだか素敵なこの雰囲気が、それぞれどのような要因によって成り立ったのかを考えています。それを共有することが、心地よさや自信につながり、今後の活動にもよい影響をもたらすと思っています。

（大内秀平）

課題が達成できなかったときこそ「地上の星」に目を向ける

対象：小学校全学年

地上の星、発見！

進め方

『学び合い』初期

　学び合う集団になろうとする時期。まだ慣れない活動の中で、手持ち無沙汰でふざけたり、どうしていいのか固まったり、冗長な説明で時間切れとなったりする人も出てきます。しかし、そんな中でも、課題達成に向けた工夫やチャレンジをしている人もいます。そういった「地上の星*1」を見つけ、教師がフィードバックしましょう。「AさんはBさんに声をかけて一緒に考えていたね」「Cさんは、いくつも方法を考えてノートに書いていたね」と、課題達成できなかったときこそ、目標達成に向かう小さくも強い姿を紹介することで、学び合う集団の目指す姿を示していきます。

『学び合い』中期

　協働しながら学び合う集団になっていく時期ですが、仲間内の馴れ合いが起きたり、説明をいい加減にしてしまったりするなどの「ゆるみ」も現れる時期です。そうした「ゆるみ」に教師は、「友だちと学べる時間だったのに、時間の使い方がもったいなかったね」と端的にフィードバックしつつ、「今日は目標に向かって、誰と何を学んだ？」と個々の振り返りを促します。その振り返りから、「繰り下がりのやり方がわからないとき、Dさんが筆算の進め方を図と言葉で説明してくれてうれしかったです」などの、子どもたちが出会った「地上の星」の記述を大きく紹介していきます。素敵な行動や姿は、教師だけでなく友だちも見ています。教師は学習者の言葉をもとにフィードバックしていくようにします。

＊1　学級目標につながる何気ない日常的な場面で繰り広げられるうれしい行動のこと。詳しくは、水落芳明・阿部隆幸『成功する『学び合い』はここが違う！』学事出版、2014年、31-32頁。

『学び合い』成熟期

　自分たちでぐんぐん学んでいくこの時期に課題達成できなかったときは、「今日うまくいかなかったのは、何だろうね？　次はどうするといいと思う？」と学級で振り返ります。「私は図で考えたけど、Eさんと2人で数直線の書き方がわからなくて手が止まった。こういう『解き方のタイプ』って、誰がどのタイプかわかると学びやすいのかな」「今日は何ができたら達成なのか、いまいちわからなくてFさんとふざけてしまった。迷ったときには、先生やGさんに聞くようにする」など、学習者自身が振り返りから原因や提案を見出していきます。学習者自身の振り返りがフィードバックとなり、教室や学習の進め方を教師と一緒に組み立てていくようになっていきます。

● 考え方（及び指導スタイル）

　上越教育大学の水落芳明先生が語る「地上の星」は、真摯に学ぶ学習者に目を向ける、勇気づけのフィードバックです。課題達成ができないときこそ、学びに向かう姿を讃え、その姿を学級の成長につなげていきます。同時に、子どもたちと「今日は目標に向かって、誰と何を学んだ？」を振り返ることを愚直に続けていきます。このくり返しにより、学級の学びをメタ認知し、学習者が自己評価できる集団をつくっていきます。

　また、課題達成ができなかったときには、教師の課題（目標）設定の甘さが原因になっていることもあります。目標の曖昧さや、交流中心で教科等の学びが疎かになっていなかったかなど、教師も謙虚に課題設定について振り返ることも欠かさないようにしたいものです。

● あり方

　「失敗は成長のためのチャンス。失敗したときに何を学び、次につなげるのか。課題が達成できなかったから全てダメなのではない。『地上の星』が必ずいて、学級の学びは必ず前に進んでいる」。そう信じ、1人1人の学びを見つめていきます。そうした光が学級集団の道標となり、さらなる学び合う学級の原動力になっていくと信じています。転んだとき、何を得て立ち上がるか。学びはそこにあるように感じています。　　（前田考司）

真剣に取り組むも課題達成に
至らない子どもがいる

対象：小学校中・高学年

進め方

導入

　「今日の目標は、『○○についてみんなが□□
と△△の２つのキーワードを入れて説明でき
る』です。20分後、隣の人に説明します。みんなで協力し合い、一緒に
考えたり相談したりして、ここにいる学級全員、相手が納得するような
説明ができるようにしてくださいね」と投げかけます。

展開

　子どもたちが「ねえ、この説明で伝わるかなぁ」「これってどういう意
味？」など、自分の考えが合っているかどうか自信がもてないときに友だ
ちに聞いてもらうことで安心したり、わからないところを友だちに聞いて
アドバイスをもらいながら課題に取り組んだりするなど、目標達成に向け
て、それぞれが最善と判断した方法で主体的に学習を進めています。

　19分後、今日のゴールの「隣の人に説明」に向けて、教室中のいろん
なところで、全員ができるようになろうとそれぞれが最善と判断した方
法でチャレンジする姿が見られる中、黙々と丁寧にノートにまとめ続け
るＡさんがいました。友だちが「Ａさん、もう少しで時間だよ」と声
をかけたものの、そのまま時間となってしまいました。Ａさんは、「先
生、あと５分待ってもらえますか。もう少しでできるんです」と時間の
延長を求めてきました——。あと５分で目標が達成できそうなのであれ
ば、延長しようと思いがちです。しかし、それでは最初に共有した目標
がお飾りになってしまいます。時間通りに終わるようにします。

まとめ・振り返り

　教師は、「みんな、目標達成に向けて頑張っていましたね。Ａさんも
相手が納得する説明ができるようにと、丁寧にノートを仕上げていまし

た。今日みたいなときは、１人１人がどんな行動をすれば時間内に目標を達成できたでしょうか。振り返ってみましょう」と、それぞれの行動を認めつつ、次の学習へ向けて振り返りを促します。

考え方（及び指導スタイル）

　Aさんが、時間に間に合わなかった背景には何があるのでしょうか。１人で黙々とノートに書いていたために時間が意識できていなかった、課題達成するにはそもそも時間が足りなかったなど、様々な理由が考えられます。

　『学び合い』では「学び合わない」自由も認められています。子どもが最善と判断すれば１人で黙々と学習を進めることもあり得ます。要は、全員が課題を解決できることが大切なわけです。そこで、時間を意識しながら子どもたちの学習状況を可視化して、子どもたち同士をつなぐ工夫が大切になっていきます。

　また、学び合う時間を十分に確保するために教師ができることがあります。まず、授業開始前に目標を板書しておくことです。すると、授業開始前から教科書や資料集をめくったり、ノートを見返したりするなど、目標を意識する子どもも出てきます。また、目標をあらかじめ授業前に伝えておくこともあります。すると、自主学習で教科書の該当ページを読んできたり、自分の考えを書いてきたりする子どもも出てきます。目標を授業開始前に提示することで、授業の導入がスムーズになり、子どもたちが課題の解決へ向けて主体的・協働的に学習を展開する学び合う時間を十分に確保することにつながります。

あり方

　授業における教師の役割は、子どもたちが十分に学び合う時間を保障し、子どもたちと共有した目標や評価基準に基づいて、学びの姿を価値づけていくことだと言えます。また、こうした評価・フィードバックを積み重ねていくことで、子どもたち自身が『学び合い』のよさを実感でき、『学び合い』の考え方が浸透していくのだと思います。

（久能潤一）

自分の課題が終わったとき、教室の中で何ができるのか

進め方（状況）

　授業の終盤。この時間の課題を多くの人がクリアし、まだ終わっていない子の周りに友だちが集まっていきます。一方で、ドリルを出して復習したり、次の課題を進めたりする人も教室にはいます。

『学び合い』初期（開始2ヵ月頃）

　まだ課題が終わっていないAさんを助けようとしていたBさん、「Aさんが終わらないと全員ができたことにならないよ！」と、次の課題を隣で進めているCさんに尖った口調で投げかけました。Cさんは「だって……たくさん人がいても出番がないから、自分の練習をしようと思ってさぁ……」と主張しますが、Bさんは納得できません。Bさんに同調する子も巻き込み口論になりそうなところで区切りの時間となりました。

　教師は、「自分の課題が終わったとき、周りの友だちの力になることって仲間として心強いよね。そして、人数が多くて出番がないと考えて、自分の学習に切り替えることも1つの方法だよね。どちらも教室で学習するには大事なことだと私は思うよ。今日みたいなときは、どんな行動ができたらみんなができるようになると思う？　振り返ってみようか」と、それぞれの行動を認めつつ、次の行動への振り返りを促します。

『学び合い』円熟期（開始3ヵ月以降）

　課題が示され、そこに向かって学習が進んでいく授業の経験を重ねると、前述の場面のように「課題がわかっていない友だちの力になる」か、「自分の課題を進める（深める）」かを、1人1人が選択できるようになっていきます。また、課題を進めていくなかで、友だちとふざけて学習が滞ったり（ゆるみ）、他の友だちよりも先に進むことに力が入ったり（こだわり）する人の姿も見られるようになります。

「ゆるみ」には、「時間までに、みんながわかるようにならなければ、学習の時間がもったいないよね。今、どんな感じ？　大丈夫？」と、声をかけます。「こだわり」には、状況に合わせて「みんなの様子はどんなかな？　見渡してみようか？」とネームプレートなどの全体の状況に目を向けてもらったり、「今、その作業をしていて、全員が課題をできるようになるかなぁ？」と声をかけたりします。こだわりに対して、視野を広げる声かけを心がけ、促していきます。

🗨 考え方（及び指導スタイル）

　初期に起こった言い合いは、学級集団の関係づくりの１つのターニングポイントと捉えたいです。双方の主張は学習に向かっているので、その誠実さに目を向け、それぞれのよさをフィードバックします。１人１人の学びに向かう態度の正当性を学級で共有していくようにします。また、『学び合い』に慣れてきた頃には、ゆるみやこだわりも現れます。そうした不穏な動きには目的があるはずです。その状況について、「どうしてそういう言動をするのだろう？」と教師は行動に思いを馳せ、言葉を選びながらアプローチをしていくようにします。

🗨 あり方

　学級集団に関わる際に大切にしていることは３つ。１つめは「全員の目標の共有」。教室は社会の縮図で、学級は子どもたちのコミュニティです。自分だけでなくみんなができることを目指しているということに思いを馳せ、協力して目標に向かえる場づくりを心がけます。２つめは「時間を大切に使うこと」。授業時間は、みんなと一緒に学習できる貴重な時間です。１分１秒を無駄にすることなく取り組む時間にしてほしいと願っています。３つめに「最適解の追求」。自分が最善と思う方法を１人１人が考え行動することを大切にし、１人１人が試行錯誤を積み重ね、日常の生活でも生かせるようになることを願っています。

（前田考司）

級友と関わらずずっと１人で学び続ける子がいる

進め方

『学び合い』初期（４〜５月）

　まずは、その子がなぜ自席で下を向いて１人で学習しているのかを理解したいものです。やり方に苦戦しているのかもしれませんし、そもそも何がわからないのかも、わからないのかもしれません。

　または、コミュニケーションが苦手かもしれませんし、１人学習をしたいだけなのかもしれません。学級が学び合っているとき、机間指導の流れで声をかけます。そこで、周りとつなぐ必要があるか、１人がいいのかを判断します。休み時間や日記などの別場面であれば、本音が聞けるかもしれません。「１人で学習するのが好きなの？」「さっきの計算問題どこまで進められたの？」肯定的に質問することが大事です。

『学び合い』中期（６〜10月）

　子どもが学習の中で『学び合う』ことの楽しさ、学びやすさを実感しつつあります。そこで、学習進度を黒板に「見える化」し、「学び合いたいとき黒板を見て、どの段階の人に声をかけたらより学級全体の学び合いが進むのか、選択しましょう」と声をかけます。もちろん、遅れてしまう子が目立たないよう、馬鹿にされないような配慮も忘れずに行います。

　自席から離れられず、下を向くしかできなかった子が学び方を選択できるようになります。一方、周りの子どもは、「なんかあったら声かけてね」と個人を尊重した声かけができるようになってきます。または、同じスピードでやろうと誘う人もいます。教師は、１人を大事にした声かけ、方法を賞賛します。同時に、本人に、「今日はどの学びが学びやすかった？」と聞いてみるようにします。

『学び合い』成熟期（11〜3月）

　自分たちの力でより学びが深まる方法を選択、判断しています。誰にも聴きに行けず、ただ俯いている子がいるかもしれませんが、その子が何で困っているのか考え、「一緒にやろうか？」「まず、式までかける？」と段階を追って声をかけたり、九九表を見せたり、必要な行動を取っています。

　初めは相談に行けなかった子が、自然と輪に入っていたり、「できた！」ボードにネームプレートが移動したりする姿を見つけ、個々の成長を促したクラス全体へ大いに賞賛することができます。

考え方（及び指導スタイル）

　全て教師が対応していたら、学び合う集団でなく、その子以外で学び合う集団になっていきます。違う方法を選択していても、お互いが尊重し合っている関係づくりが大切です。そこで、2つのアプローチをしていきます。

　1つめは、学ぶために必要な方法のヒントを与えるということです。声を掛け合うこと、見守ること、自分や学級の仲間が課題を達成するためには、様々な方法があることを知ってもらい、トライアンドエラーを繰り返して実感していくことが大切です。

　2つめは、自席で俯いている子が、孤立してしまわないよう配慮します。行動には、様々な要因があります。まずは、教師が受け止めることで、周りの子どもも受け入れることができます。

あり方

　無理やり学び合わせてしまうことや、選択の自由を尊重したつもりが、結果的に放置になってしまうことがあります。どうすれば、学ぶために必要な選択を取れるのか、または取れているのか、という観点で関わることが大切です。どうすれば学びやすく、学びが深まるか。このあり方で教師がいることで、声のかけ方、子どもの見方が変わってきます。

（紺野悟）

特定の子とばかり関わり続ける子がいる

進め方

『学び合い』初期（4〜5月）

　まだ『学び合い』に慣れていない時期です。Aさんが特定の友だちとばかり交流していたとしても、まずは、進んで学び合っていることを称賛しましょう。今後、『学び合い』が習慣化していく中で、交流の範囲が広がるかもしれません。

　また、なぜAさんが特定の友だちとしか交流しないのか、よく様子を見て見極めることが大切です。安心感を求めて、いつも同じ友だちと学び合っている可能性もあります。ここで教師が焦って他の子との交流を勧めてしまうと、『学び合い』に不安をもってしまうでしょう。

『学び合い』中期（6〜10月）

　普段関わりのない友だちとも進んで学び合う子どもの姿が見られます。しかし、Aさんは未だ特定の子と学び合っています。そこで、Aさんの学び合いの輪を広げる声かけを行いましょう。

　例えば、Aさんの考えとつながりそうなBさんに、「Aさんの考えと合わせたら面白いのではないかな？」と声をかけることができます。また、Aさん自身に「Aさんの考え、Cさんたちの課題解決につながるから、伝えてあげるといいかも？」と、Aさんの考えが生かせる友だちを紹介することもできます。つまり、子どもの必要感や学びの広がり・深まりが生まれるよう、つなげていくのです。そうすることで、いつもとは違う友だちの考えに触れることができ、より多くの友だちと学び合うよさを実感できるでしょう。その際、「Bさんと学び合って考えが広がったね」「Aさんの考えで、Cさんたちの学びが深まったね」など、価値づけの声かけも行いましょう。このことが、Aさんの自信や、より多くの友だちと学び合う意欲や必要感につながります。

『学び合い』成熟期（11〜3月）

　学習内容や活動場面によって学び合う相手を変えるなど、子どもがより必要感をもって学び合うようになります。また、小集団どうしをつなげる子も現れ、教師の働きかけがなくても、小集団を越えたつながりが生まれます。Ａさんも、自然とその輪に入っていることでしょう。

　もし、この時期でもＡさんの状況が変わらなかったとしたら、初期と中期の働きかけを継続しましょう。このことで、もしかしたら次年度、もっと先の進学後に、他者と積極的に関わろうとするＡさんになっているかもしれません。教師は自分が担任している間に成果を求めがちですが、大切なのは6年間（3年間）を通した成長であり、より大きく捉えると、人生を通した成長です。Ａさんの成長を長期的に考えながら、働きかけていきましょう。

考え方（及び指導スタイル）

　特定の子であろうと、学び合っていることをまずは肯定的に捉えましょう。確かに、『学び合い』が浸透すると、特定の子ばかりで学び合う姿にもどかしさを感じるかもしれません。しかし、大切なのは本人の意思と必要感です。指示された『学び合い』では意味がありません。

　一方、やはり広く学び合った方が、成長につながることも事実です。そこで、子ども同士のつながりを教師がコーディネートします。その際大切なことは、教師が交流を広げる指示を出すのではなく、あくまで促すこと、つまり、子どもが自分の意思で多くの友だちとつながれるよう後押しすることです。

あり方

　教師はどうしても「男女分け隔てなく、だれとでも仲良くするべき」という理想像を子どもに押し付けてしまいがちです。しかし、まずは、その子にとって何が最善なのかを考えて働きかけることが大切です。そして、焦らず、されど諦めず、長期的な視点をもって働きかけを継続していくことが大切なことではないのでしょうか。

（海老澤成佳）

「できない」「わからない」が口癖の子がいる

対象：小学校全学年

わからない！
できない！

進め方

『学び合い』初期（4月）

　計算をしているとき、リコーダーを吹いているとき、不機嫌な声で「できない！」と声を上げる子がいます。そのときにすかさず、「わからないことを教えてくれてありがとう」と伝えます。

　また、首をかしげたり、困ったような顔をしたりして問題と向き合っている子がいます。そこでもすかさず、「いい顔でがんばっているね」と声をかけます。まずは、わからない・できないを表に出すよさを伝えます。クラス全体に尋ねます。「体調が悪くて病院に行ったとき、みんなは自分の痛い場所をお医者さんに伝えるよね？　痛いのを我慢して、『大丈夫です』ってずっと言っていたらどうなると思う？」子どもたちは、平然と「どんどん、悪くなっていっちゃう」「さらに痛くなる」と答えます。「勉強も病気と同じで放っておくと、どんどんひどくなってしまうのです。だから、できない・わからないをきちんと伝えることはとても大事なことです。ここが痛いですと伝えて、怒るお医者さんはいないでしょ。先生は、勉強という分野のお医者さんです。安心してください。それにわからないと教えてもらえると先生も友だちもあなたを助けやすくなります」と付け足します。

『学び合い』中期（5～10月）

　徐々にイライラせずに「わからない」と言えるようになってきます。先生に聞くよりも友だちの方が聞きやすかったり、わかりやすかったりする子もいます。周りに「教えて」と言えるようになったときは、「素敵な言い方だね」とすかさず褒めます。また「教えて」って言われた子にもインタビューし、頼られる喜びがあることを全体で共通理解しま

す。それぞれの子の得意分野・不得意分野も少しずつ学級全体で把握できるようになっていきます。

『学び合い』成熟期（11〜3月）

　学級全体で教え合う雰囲気がつくれている頃です。「わからない」を口に出す前に「だいじょうぶ？」と尋ねてくる友だちもいるでしょう。いざというときに「わからない」を安心して言える学級だからからこそ、今は自分でチャレンジしたいという欲求も生まれてきます。

考え方（及び指導スタイル）

　怒ったようにすぐに「できない！わからない！」を言う子は、実はだれよりも「できるようになりたい・わかるようになりたい」という欲求をもっている子です。主体的に学ぼうとしている何よりの証拠です。

　「できない！」が「できた！」に変わったときのその子の喜んだ顔やガッツポーズを容易に想像することができます。教師は、子どもからの「わからない！できない！」という嘆きの言葉を「わかりたい！できるようになりたい！」という願いの詰まった言葉に脳内変換して、気持ちよく対応することが大事だと感じます。また、教師だけでなく、学級全体でその願いを共有し、サポートできればとても心強いものとなります。休み時間や放課後さえも喜んで付き合ってくれることでしょう。そして、達成したときに学級全体で喜びを分かち合うことができます。

あり方

　「わからない・できない」をいつでも言える雰囲気をつくりたいです。しかし、一方で「わからない・できない」を言うのが苦手な子がいることを忘れてはいけません。

　子どもたちがこの言葉を言いやすいように、教師自らがわからない・できないことがあるから、一緒に考えてほしい・教えてほしい・協力してほしいと子どもたちと共に課題に向き合う姿勢を持ち続けたいです。

　出会えた子どもたちと「できた・わかった」を積み重ねたいです。

（大釜拓）

指名した子が答えられず 黙り込んでしまった

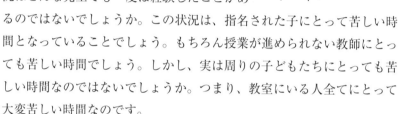

進め方

『学び合い』初期（4〜5月）

　「指名した子が発言しない」。このような状況はどんな先生でも一度は経験したことがあるのではないでしょうか。この状況は、指名された子にとって苦しい時間となっていることでしょう。もちろん授業が進められない教師にとっても苦しい時間でしょう。しかし、実は周りの子どもたちにとっても苦しい時間なのではないでしょうか。つまり、教室にいる人全てにとって大変苦しい時間なのです。

　このようなときこそ、『学び合い』を始めるチャンスです。授業が終わった後で指名した子に「なぜ、発言することができなかったの？」と問いかけてみましょう。きっと「わからなかったから」「自信がなかったから」と答えるはずです。そこで、学級に『学び合い』のよさを伝えましょう。『学び合い』のよさは、みんなが課題を達成できるようになること。つまり、1人も見捨てることなく、みんなが学習に取り組めるようになるということを伝えます。

『学び合い』中期（6〜10月）

　学級に『学び合い』の考え方が浸透してくると、自分の考えを少しずつ伝え合うことができるようになってくるでしょう。これまで自分がわかった時点で考えることをやめていた子も、どのように伝えたら自分の考えを理解してくれるようになるのかと考え始めます。この姿勢をぜひ称賛していきましょう。最初は教える側と教わる側という構図になっているかもしれせんが、称賛される子を見ているうちに、徐々に友だちに教えられるようになりたいと考える子どもたちが増えてくるでしょう。もちろん、教えられる側の子にも、教えてもらうことが悪いことではな

く、教わることで自分の考えが確かになり、自信がもてるようになったことなど、学び合ったことの効果を自覚させていきましょう。

『学び合い』成熟期（11〜3月）

　学級全体に、学び合うことの意味や意義が共有されてきます。学び合いによって自分の考えをたくさんの子に伝えてきた子は、指名されて黙り込んでしまうことはないでしょう。指名されて黙っていた子も『学び合い』によって自分の考えに自信をもてるようになっています。『学び合い』が成熟することで、冒頭のような場面はなくなっているはずです。

●● 考え方（及び指導スタイル）

　なぜ、指名された子どもが答えられずに黙ってしまうのでしょうか？子どもの気持ちを考えれば、解決策は見えてきます。答えられないのは、おそらく自信がないからです。自信がなく困っているにもかかわらず、教師は恐い顔をして自分を見つめます。無言のはずの周りの子からも「早く答えろよ」という声が聞こえてきて、頭の中は真っ白。子どもが自分の考えに自信をもてるようにするために、『学び合い』を活用してみましょう。

　まずは、子どもに問いかけてみることです。子どもの困りを理解することが第一歩です。次に、『学び合い』のよさを子どもたちに伝えることです。『学び合い』は学級のだれにとってもよりよい学びを生み出すことを伝えましょう。最後は、学び合う姿を認め、育てていくことです。軌道に乗ってくれば、子どもたちは進んで『学び合い』に参加していきます。

●● あり方

　教室でよくある場面。よく考えると、教室にいる全ての人の困りが表れる場面なのかもしれません。答えられない子どもを責めるのではなく、子どもの立場になって考えましょう。子どもが答えられないのは、答えられない状況を教師がつくり出しているからなのかもしれないと自分自身が指導を見直すチャンスです。子どもの困りを理解し、解消していきたい。そのようなあり方が大切なのです。

（千守泰貴）

自由進度学習の進度差が大きくなってしまう

対象：小学校中・高学年

進め方

『学び合い』初期

　子どもたちと『学び合い』の土台づくりをします。得意なこと、苦手なことがそれぞれ違うように、友だちに聞くことや学習が苦手な人がいて、それらを解決するためにも『学び合い』を大事にしていきたいという想いを伝えます。学級経営の視点から具体的な流れを以下に示します。

【1】1時間に1課題（進度の大きな差はない）

・全員ができることに重きを置きます。

・ネームプレートを使い、学びを可視化します。競争ではなく、協同のためであることを子どもたちに伝えていきます。

『学び合い』中期

【2】1時間に複数課題や単元『学び合い』（進度が離れ始める）

・単元計画を渡し、学習進度が近い子ども同士で学んだり、1人でぐんぐん進んだりします。自分に合った学び方を選択できるようにします。

・個人の進度を記録したり単元のまとめレポートを評価したりします。

・すすんで関わり合おうとする子どもや、1人でやり抜こうとする姿など、その子の努力の様子、成長した姿を見取り教室に広めます。

『学び合い』成熟期

【3】選択する『学び合い』

・台数の限られたICT機器を使用するタイミングや学習進度に応じて子どもが時間割の中から自己選択をします。

・子どもの観察、子どもの書いたレポートや振り返りを読んだり、個別に話をしたりしながら学習状況を見取ります。自由度が増すほど、個

の見取りは難しくなります。そのため、ノートでのコメントや1対1での面談、振り返りジャーナル、手紙など個別につながることのできるツールを多く持っておくとよいです。

考え方（及び指導スタイル）

『学び合い』は何月頃だから、この形式で学ぶという決まりは決してありません。また、1時間に1課題という『学び合い』から1時間に複数課題の『学び合い』にしていくのではなく、自然となっていくものだと感じています。その理由は実践するにつれて、子どもたちから「もう全員達成することができました！」とか「もっと先へ進みたいです！」と声があがってくるからです。教師は練習問題を解く学級の様子やランダムに指名した子の説明の姿を観察しながら、どうすれば、より子どもたちが自発的に学びを広げたり深めたりできるのかを考え続けます。

しかし、中には1時間に1課題が学びやすい子や、学ぶスピードが周りと同じではない子どももいます。そんなときには「教師と学ぶこと」も選択肢として残しておきます。

『学び合い』の段階を先へと進めることが目的ではなく、子どもたちが緩やかなつながりの中で、安心して学習に取り組み、学び残しのないように確実に力を付けることを大切にしていきたいと考えています。

あり方

教室にいる子どもたちは、1人1人が違い、とても多様な考えをもっています。その1人1人に合った手立てを打つことはなかなかできませんが、まずは個の思いを大切に受け止め、その子にできる一番のことはなんだろうと真摯に向き合い、寄り添おうとする心を大切にしています。

（小島貴之）

【参考文献】
高橋尚幸『流動型『学び合い』の授業づくり　時間割まで子供が決める！』小学館、2020年。

学びのマンネリ化を打破したい

対象：小学校中・高学年、中学校全学年

単元を通して
全員と関わってみよう！

🗨 進め方

『学び合い』初期（4〜5月）

「今日の学習のゴールは○○です。そのために自分の考えを3人に説明します。終わったら自分のネームマグネットを移動します。全員が達成できるまで何分必要ですか？」

学習のゴールを明確にすることで、子どもたちはゴールに向かって勢いよくスタートを切ります。達成できたときは全員で喜び、できなかったときは次時の冒頭に「どういう学び方をすると全員達成できるかな？」と振り返りを生かして取り組みます。

『学び合い』中期（6〜10月）

『学び合い』にマンネリ化が見られ、これまでのような勢いがなくなってくることがあります。具体的な原因は、同じ友だちと毎回関わっていたり、説明する際に一方通行になってしまっていたりすることが考えられます。そこで、次のような提案をします。

「いつも同じ人と交流することで、学びが深まるよさもあるけど、多くの人と関わることで、様々な考え方に触れられるよさもあるよね。単元を通してクラス全員と交流することを目指してみよう！」「さっきAさんが聞き手に質問をしながら考えを説明していました。聞き手が退屈しない工夫ですね！」『学び合い』が再び活性化します。他にも、『交流した友だちの考えを、違う友だちに説明する』や『話し手がちょっと困る質問をする』なども効果的です。

『学び合い』成熟期（11〜3月）

「今日のゴールは○○です。どんな方法で取り組むのがベストかな？」これまでに出た選択肢から、子どもたち自身が選んで学習していくよう

になります。「より楽しく学習に取り組むためにアイディアは何かない
かな？」と、学習の新たな選択肢を子どもたちと一緒に考えることもあ
ります。「歴史の授業で五人組について習ったので、算数の授業でも五
人組をつくって問題を解いて先生にサインをもらいたいです！」などと
学習の選択肢が広がっていきます。

● 考え方（及び指導スタイル）

『学び合い』のときに子どもの様子を見ていると、真っ先に関わる相
手は仲良しの友だちであることが多いです。もちろんそれは否定しませ
ん。クラス内に安心できる存在がいることや、信頼関係が構築されてい
る人と学ぶことでより深い学びをすることができるからです。そこを認
めつつ、『単元を通して全員と関わる』という対照的な考えを提案しま
す。すると、関わる2人目がいつもとは違う相手になり、より多様な考
えに触れることができるようになります。

話し手と聞き手で双方向のやり取りが行われることで、お互いが主体
的となって学習に取り組むことができます。さらに、『交流した友だち
の考えを、違う友だちに説明する』や『話し手がちょっと困る質問をす
る』を取り入れることで、目的意識をもって説明を聞くことができま
す。話し手も聞き手もよく考え、楽しめる学びを心掛けています。

学習内容が毎回変わっても、同じ教室で、同じメンバーで学習をして
いたら、マンネリ化が生じてしまうのは当たり前です。そこで大切なこ
とは変化であり、そのための選択肢を教師が与えたり、子どもと一緒に
考えたりすることです。選択肢の中から、子どもが選択権をもって決定
していくことで、学習意欲につながっていきます。

● あり方

楽しい学びを自分自身でつくっていくためには、「選択肢がたくさん
ある」という感覚をもつことが大切です。「あらゆる選択肢の中から選
ぶことができる！」「新たな考えを生み出して実行することができる！」
子どもも教師も、好奇心の扉を閉さずに生きていきたいです。（大内秀平）

授業中に居眠りをしている子がいる

進め方

『学び合い』初期（4〜5月）

　子どもたちが学びを自由に交流している間か授業が終わった後にその子の机に行って「大丈夫？何かあったかい？」と穏やかな声で尋ねます。自分（教師）とその子とのやりとりで周囲の子どもたちへ影響を与えないように配慮します。

『学び合い』中期（6〜10月）

　ある程度学級全員が『学び合い』の考え方が浸透してきて、共によりよくなって行こうと思い始めています。教師が気づくと同時に周囲の子どもたちも気づきます。教師と周囲の子どもたちが互いに目と目などで確かめ合い、寝ている子のよりよい授業の再参加の方策を考えて実行します。例えば、近くの子が軽く肩を叩いてあげるでしょう。そうして授業に戻ってくればそれで構いません。それでもぐっすりの場合は、小さく声をかけてあげるかもしれません。それでもそれでも無理な場合は、ノートをとっておいて後で説明を加えて渡してあげるでしょう。寝てしまっていた子も申し訳ないなぁと思うはずです。教師は後で心遣いをしてくれた子どもたちに感謝の言葉をかけて、寝ていた子どもには「友だちの声かけで授業に参加してくれてありがとう」と声をかけると同時に、「何か心配なことありますか」と尋ねます。

『学び合い』成熟期（11〜3月）

　自分たちの力でよりよい社会を創っていくという考えをもち、行動しています。寝てしまっている子どもも教室の中にはいるかもしれませんが教師が気づかないうちに周りの子どもたちが寝てしまっている子どもに配慮した行動をとっています。教師は「今日も、自分で、自分たち

で、考え行動している皆さんは素敵ですね」と全体に声をかけます。

考え方（及び指導スタイル）

授業中、自分の授業で寝るなんてふざけている、なめられている、怠けている……と思うかもしれません。そこで「起きなさい。今、何をする時間だと思っているんだ！」と叱ってしまうかもしれません。

しかし、子どもたちの立場から考えてみます。近頃、複雑な事情を抱える家庭が多くなってきています。一概に怠学と決めつけられません。また、怠学だったとしても居眠りを見つけたその瞬間、叱りつけたのでは素直に従う可能性は低いです。いくら眠りこけていたとしても学級集団の中での自分の居場所が狭くなります。そして、学級集団の子どもたちは教師の振る舞いを注意深く観察しています。ではどうしましょうか。

第1に、授業中、学級集団が大きく注目するようなことがないようにする配慮です。学級全体で自由交流をしているときに小声で話しかけるか、または授業後半に居眠りしてしまった場合は授業後に話しかけるのもありです。

第2に、様々な理由が考えられます。そこで「叱る」ところからはじめるのではなく「事情を聞く」ところからはじめます。

第3に、その子の言い分を受け入れるところからはじめましょう。自分の目の前の人は、自分の側に立っている人なのだと思ってもらうことで、あなたの話を聞く耳をもつと同時に、心を開いてくれるようになります。

あり方

第三者から見て、どんなに理不尽であったとしても、「教室空間」が自分を受け入れてくれる居場所であると思えればなんとか過ごしていくことができますし、そこを出発点に友だちとの遊びに、学びに積極的になることができます。そのために、教師が目の前の子どもたちを否定しないというあり方が大切になります。

（阿部隆幸）

学習課題に向かわず折り紙を
し続けている子がいる

対象：小学校中・高学年、中学校全学年

進め方 ●

『学び合い』初期（4〜5月）

　授業中、全体へ指示を出した後、配慮が必要な
Ａさんにそっと近づき、「折り紙、好きなんだね」
と穏やかに声をかけます。周りの子どもたちは、Ａさんが折り紙に夢中
で学習に参加していないことを知りつつも（いつものことだ）と気にし
ないで過ごしています。

『学び合い』中期（6〜10月）

　授業の終わり5分くらいを使って、それぞれの学び方を振り返りま
す。具体的には、タブレット等で撮っておいた本時の学びの様子（動
画）をテレビに映し出して、他の友だちの学び方を紹介・共有します。

教師「Ｂさんのいいところを見つけました。見て！……わからないと
き、『誰か教えて！』って言っているね。自分から声を出して、解決し
ようとする力。大切ですね。」

教師「Ｄさんは、Ａさん（当該児童）のところに移動して何か説明して
いますね。Ａさん、折り紙に夢中でしたが、Ｄさんの話を聞いて教科書
を指で指していますね。すごいなぁ！　Ｄさんは説明することで、さら
に説明する力が身についていくね。」

　Ａさんは自分の映る動画を見てにっこりうれしそうです。客観的に自
分を捉えるきっかけにもなります。Ａさんにとっては、友だちと一緒に
勉強できたことが成功体験として、自信につながり、次の学習の行動の
きっかけになっていきます。周囲の子どもたちも、折り紙に夢中だった
Ａさんが学び始めたことを認識していきます。

『学び合い』成熟期（11〜3月）

　子どもたちは自分たちでよりよい学びをして、互いに高め合おうと行

動していきます。ある友だちはＡさんのところに移動し、Ａさんに説明
する姿が見られます。周囲を見ると、特定の人のところに集まり過ぎる
とその人が集中できないことに気づいているのか、群がることはしませ
ん（今、ＥさんはＦさんに教えてもらっているから大丈夫そうだなと、
遠くから思っているのかもしれません）。

教師「早く課題が終わったＣさんたちは、地図帳でクイズを出し合って
いますね。なるほどね。時間を有効に使って自分たちの力をさらに高め
ています。いいねぇ。」

　Ａさんも、折り紙と学びのバランスを取りながら、友だちと関わりな
がら学ぶ楽しさを感じ始めていきます。

考え方（及び指導スタイル）

　授業中に折り紙遊びをしていて注意をしないのはおかしい、との声も
あるかもしれません。しかし、そのような個性をもった子だから、先生
も子どもたちも（仕方がない）と関わらないというのは、どうでしょうか。

　学び方、学びやすさは人それぞれ異なります。お互いの個性や状態に
目を向け、学び方、多様性を認め合うことが大切です。例えばここで
は、振り返り動画で、自分以外の学び方や状態を知ることもよい機会だ
と考えて進めています。

　Ａさんが教室で学ぶ姿や、他の子の学び方を知ることは、それぞれに
とって非常に価値のあることです。教師がＡさんへマンツーマンで教え
るよりも、友だちから説明してもらうことで精神的な安心や学習意欲も
生まれていくのです。

あり方

　子どもたちは、教師の言動をよく観察しています。教師はＡさんに対
しても穏やかに声をかけ頑張りを認め、周りの子に対しても異なる学び
方を認め、高め合おうとする姿を称賛していく。そのような心のあり方
が大切になります。安心できる環境が学びを後押ししていくのです。

（寶森公喜）

第２章　学習場面

道徳の授業で最初に
どんなことを語るか

対象：小学校中・高学年

💬 **進め方**

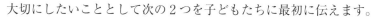

『学び合い』初期（4〜5月）

　道徳の授業開きで子どもたちとともに、道徳の時間のイメージを共有します。私は、授業で大切にしたいこととして次の2つを子どもたちに最初に伝えます。

　①自分と違った考え方に出会うこと

　②自分の経験を振り返ること

　例えば、「道徳の時間に大切にしてほしいことが2つあります。1つめは、たくさんの考え方に触れることです。違いを見つけそれを認めあうことが自分の成長、クラスの成長につながっていきます。2つめは、新たな自分に出会うことです。道徳の授業を通して、自分の経験を振り返り、自分が大切にしていることは何だろうか考えていきましょう」のような語りをします。

『学び合い』中期（6〜10月）

　2ヵ月もたつと、道徳の授業も10時間程度実施したことになります。子どもたちも『学び合い』道徳[1]の授業にも慣れてきました。自分の意見を伝え合えるようになってきて、ここでさらに授業を活性化させるために、授業で大切にしたいことに「全員」[2]というキーワードを強調して語りをします。

　「皆さんの学んでいる姿は、たいへんよくなってきました。自分の考えをどんどん伝えられるようになりましたね。もっとよい学びができる

＊1　諸富祥彦編著『考え議論する道徳科授業の新しいアプローチ10』明治図書、2017年。

＊2　自身の経験では、20人以下のクラスを想定しているため、30人程度のクラスでは、全員は厳しいところがある。しかし、ワークシート等にクラス全員の名前を載せて、だれと交流したのかを可視化できるようにするなどの工夫をしていく。

ように全員と意見を交換しましょう。たくさんではだめです。全員と交流して、ワークシートに全員の考えが残るといいですね。」

　全員ということを強調していくことで子どもたちの姿にダイナミックさが増してきます。しかし、自分から動き出せない子もいることを念頭に置いて、その子には周りから声をかけるように促します。

『学び合い』成熟期（11〜3月）

　学習スタイルにも慣れて、教師による教材文の範読を聞くだけで、今日は何を学ぶのか、どんな課題が出されるのか予想を立てられる子どもも現れてきます。教師は「今日も、全力で全員の意見を聞いて、みんながみんなでつくる道徳の授業にしていきましょう」と全体に声をかけます。

考え方（及び指導スタイル）

　私は、『学び合い』の考え方をもとにして、主発問1つで授業を展開しています。課題の作り方は、最初は、教師用指導書の中心発問をもとに作成していくことが無理のない始まり方です。まずは、子どもたちが互いの意見を直接聴き合う時間を十分に確保することを大切にします。そうすることで、自分の考えを確かなものにしたり、新たな考えに触れたりする機会を増やします。様々な考えにどんなつながりがあるのか自分で判断させるために、メモする際にはイメージマップの形式で書けるようにワークシートを活用します。それらをもとに、自分たちで板書もしてもよいことを伝えます。

あり方

　『学び合い』道徳では、課題を達成するために子どもたちに多くの時間を任せています。その課題を解決していく中で、自分と同じ考えの友だちを探したり、全く違った考えをもった友だちを探したりと多様な考え方に触れることを大切にしています。教室にいる全員が自らの問題として主体的に道徳に向き合うことを目指し、「みんながみんなでつくる道徳の時間」となるように教師は子どもたちの学習を保障していくのです。

（渡邉拓）

技能教科で『学び合い』を
行うときのポイント

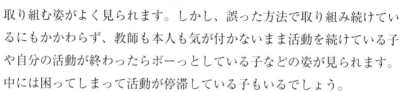

🗨 進め方 ‥‥‥‥‥‥‥‥‥‥‥‥‥‥‥

『学び合い』初期（4〜5月）

　体育や図工、家庭科などの技能教科は、子どもたちからの人気が高く、活動に熱中して取り組む姿がよく見られます。しかし、誤った方法で取り組み続けているにもかかわらず、教師も本人も気が付かないまま活動を続けている子や自分の活動が終わったらボーっとしている子などの姿が見られます。中には困ってしまって活動が停滞している子もいるでしょう。

　そういう姿を見かけたとき、教師は困っている子の前で、習得の早い子どもにコツを問います。次に、それを聞いた困っている子の活動を支援しましょう。すると、困っている子の活動がうまくいき、困りが解消されます。そこで、両者を褒めます。習得の早い子は、自分のアドバイスが友だちを助けたことをうれしく感じるでしょう。困っていた子も、友だちからコツを聞くことで、できなかったことができるようになり、喜びを感じるはずです。

『学び合い』中期（6〜10月）

　学級全員に『学び合い』の考え方が浸透してくると、子どもたちの動きが変わってきます。自分の活動に不安を感じ、声をあげる子。自分の活動が終わったら率先して、困っている子を助けに行く子。活動中、近くの友だちと声をかけ合いながら取り組む子。様々な『学び合い』の姿が見られるようになってきます。教師はその姿を認め、褒めましょう。「なぜ、上手にできたのか？」と尋ねてみてもよいでしょう。学び方を振り返ることで、友だちの存在が大きかったことに気づく子が増えてくることでしょう。

『学び合い』成熟期（11〜3月）

　学級全体に、学び合うことの意味や意義が共有されてきます。困っているときに上手な子にアドバイスをもらうことで自分の技能が高まること、自分ができたことを友だちに教えることで、さらに理解が深まったり、上達したりすること、友だちと声をかけ合いながら活動に取り組むことで、自分も友だちも上達が早くなること、何より、1人で活動するよりも、友だちと学び合う方が、活動が楽しくなり、次の活動への意欲が高まること。これらのことに気づいた子どもたちは、どんどんと技能を習得し、授業の目標を容易に達成していくことでしょう。この頃の教師の役割は、授業のはじめに課題を提示することと、まとめや振り返りの場面で子どもたちの学びを共有してあげることぐらいになってきます。

考え方（及び指導スタイル）

　教師は子どもたちが確実に技能を習得できるようにするために、熱を入れて指導をすることが多いのではないでしょうか。しかし、子どもにとって、必ずしも教師の指導が一番届くとは限りません。案外、友だちからのアドバイスの方がわかりやすかったということもあるでしょう。特に技能教科においては、同じ活動に取り組む子どもたち同士が学び合うことの方が技能を習得するためのコツをつかみやすいということもあります。教師の指示や説明は最小限にとどめ、子どもたちが試行錯誤する時間をたくさん取ってあげることが必要です。

あり方

　成功のコツは、自分が教え込もうとするのではなく、子ども1人1人の力を信じ、子どもたち同士の学び合いを支援することです。どんな素晴らしい教師であっても、授業中に全ての子どもの活動状況を把握し、1人1人に最適な指導をすることは難しいでしょう。それは、技能教科であればなおさらです。教師は、子どもを信じ、子どもに委ね、必要な支援に徹する。そういった教師のあり方が大切になります。

（千守泰貴）

外国語の定型の会話文に
創意工夫を加えたい

どうやったら英語で
言えるかな？

進め方

『学び合い』初期（4〜5月）

　まずは教師が自分の気持ちを表現すること
で、子どもも気持ちを素直に伝えるようにな
ります。可能な限り英語で授業を進めることを意識し、必要に応じてジェ
スチャーも交えて伝わりやすくします。自分自身にも子どもにも完璧
は求めず、失敗してもいいから英語で話してみることを伝えます。

教師 "Hello everyone. How are you?"

子ども "I'm fine, thank you. And you?"

教師 "I'm tired and happy."

子ども 「え？」（必ずしも fine と返さなくてもいいことに気づく）

教師 "Because, today is Friday. Monday, Tuesday…（だんだんと疲れ
ていく様子を演じる）. But, tomorrow is Saturday!!"

子ども 「金曜日だから疲れているけど、明日は土曜日で楽しみなのか！」

『学び合い』中期（6〜10月）

　自分の思いや考えを伝えるため、伝え方が思いつかずに日本語で言お
うとする場面も見られます。教師は活動の間に「何か英語で言いたいけ
ど言えなかった言葉はあった？」と、言いたい表現を確認する時間を毎
回設けます。子どもから挙げられた表現に対し、「どうやったら英語で
言えるかな？」「知っている英語やジェスチャーを組み合わせて言えな
いかな？」などと、個人やグループなどを交え、学級のみんなで考える
ように働きかけます。わからない場合はヒントを出します。

Aさん 「"What food do you like?" と聞かれ、"Okonomiyaki" と答えま
した。出身地が大阪で、家で毎週食べることも伝えたいです。」

教師 「英語で町って……？サッカーなどで自分たちのチームの地元での

試合は……？毎日は everyday だけど週だと……？」（やりとりしなが
ら進める）

Aさん "I like Okonomiyaki. My hometown is Osaka.（I'm from Osaka.）
I eat Okonomiyaki every week."

『学び合い』成熟期（11〜3月）

　子どもたちの中で、自分の思いや考えが伝えられるようになってきた
実感が湧き始めます。ジェスチャーや黒板を使って伝えようとしたり、
相手が言いたい表現を感じ取ろうとしたりする姿も見られるようになり
ます。教師は子どもたちの交流を見取り、全体に紹介できるようにしま
す。子どもの間違った英語表現に気づいたときは、否定せずに教師が正
しい英語表現でさりげなく言い換えて伝えます。

考え方（及び指導スタイル）

　決められた表現だけではなく、自分の素直な気持ちだからこそ、「相
手に伝えたい！」「言葉を覚えたい！」という気持ちになるのだと思い
ます。まずは、子どもたちが自由に表現する楽しさを実感することが大
切です。

　日常生活には私たちが思っている以上にたくさんの英語が溢れてお
り、毎日見たり聞いたりしています。使い方がわからないだけで、聞い
たことがある言葉を組み合わせて表現できるものも意外と多いです。だ
からこそ私たちは、子どもにすぐに正しい表現を教えるのではなく、知
識と知識がつながるように働きかけていく必要があります。英語表現を
全て覚えることは難しいですが、「言葉を組み合わせたら言えそう」「違
った言い方なら伝えられそう」と思考し、伝わった成功体験を積み重ね
ることが、コミュニケーションの自信や楽しさへとつながります。

あり方

　目標を達成するために思考したり、発想を変えて取り組んだりする力
が身に付けば、あらゆる困難に直面しても乗り越えられ、自分の思いを
実現することができると考えています。

（大内秀平）

専科の先生が『学び合い』授業を行っていない

対象：小学校高学年

進め方

『学び合い』初期（4〜5月）

　まず、なぜ専科の授業形式が担任と違うのか、子どもたちに伝えることが大切です。教科の特性や、専科の授業方針など、担任の授業との違いを伝えましょう。また、このようなときは教師の多様性にも気づくことができるよい機会です。担任から、先生それぞれの授業のよさや、「色々な学び方を体験してほしい」という思いも伝えましょう。ここで、「先生の授業のやり方に口を出しません」と言って子どもの疑問に向き合わなかったり、「『学び合い』の時間がある授業の方が面白いだろ？」と授業形式に優越を付けたりすることは避けましょう。そして、「どんな授業でも友だちから学ぶことはできるよ。探してごらん」と問いかけてみましょう。このことで、子どもの授業への参加意識が変わります。

『学び合い』中期（6〜10月）

　先述の問いを振り返り、「友だちからどんな学びがあった？」と問いかけてみましょう。子どもから「○○くんのリコーダーの吹き方がお手本になる」「○○さんのミシンが上手だった」といった意見が出たとします。次に、その"学び"を"『学び合い』"に変える方法を伝えます。

　例えば、「授業後に、○○くんに演奏のコツを聞きに行けるね！」「次のミシンの学習までに、○○さんにアドバイスをもらうことができるね！」などと声かけをすることができます。つまり、どんな授業形式でも友だちの姿から学べること、そして、時間の枠等に捉われなければ、『学び合い』ができることを伝え、様々な『学び合い』の形を子どもと一緒に考えましょう。

　また、専科の先生を教室に招き、子どもが学び合っている様子を見てもらうことで、そのよさを知ってもらうことも大切です。子どもの姿を

通して『学び合い』のよさに気づいてもらうことで、『学び合い』に興味をもってくれるかもしれません。もちろん、専科の授業にも顔を出し、担任自身も、授業形式について見識を広げましょう。その中で、授業の進め方について専科の先生と互いに語り合える関係をつくることも大切です。

『学び合い』成熟期（11〜3月）

　担任と違う授業形式の中でも、できる方法や視点で学び合おうとする子どもの姿が見られるでしょう。また、子どもたちが専科の先生に「○○について学び合いたい」と提案することがあるかもしれません。担任のこれまでのアプローチによって『学び合い』のよさが伝わっていれば、専科の先生が『学び合い』にチャレンジしてくれるかもしれません。

◗◖ 考え方（及び指導スタイル）

　授業の形式や時間に捉われず、どうすれば『学び合い』が成立するか、子どもと一緒に考えることが大切です。専科の授業形式を否定するのではなく、子どもたちに新たな視点を与えることで、どんな状況でも学び合おうとする意識を育てましょう。同時に、専科と互いに授業を見せ合うことで、『学び合い』のよさを知ってもらうとともに、授業形式について語り合える関係を築きましょう。このことが後に、子どもが専科の授業の中で、安心して『学び合い』を提案できる状況をつくることにもつながります。

◗◖ あり方

　子どもも、そして教師も「友だちと離席しながら"わきあいあいと交流"しないと学び合えない」と思ってしまうことがあります。しかし、授業形式を否定するのではなく、「どんな状況でも学び合える」という姿勢を、子どもにも、教師の意識の中にも育てることが大切です。そして何より大切なのが、教師自身が互いの授業に関心をもち、学び合うことです。授業を見せ合い、語らい合うことで、教師自身が多様な価値観で授業について学び合うことができます。そして、そのような教師の姿勢はきっと、授業を通して子どもにも伝わるのではないでしょうか。　　（海老澤成佳）

子ども主体で委員会活動を進める

 対象：小学校高学年

対象：中学校全学年

🗨 進め方

『学び合い』初期（4～5月）

　①年間の具体的な予定

　②本日の具体的な内容

　初回までに教師が、①・②
を作成し、印刷、配付しま
す。2回目以後、「みんなに
やってもらうよ」ということ

①年間の具体的な予定
4月　自己紹介・目標決め・代表委員会原案決め（学校のスローガン）
5月　学校のスローガン作成・児童集会の準備
6月　児童集会本番の練習・代表委員会の議題決め（児童会祭り）
：
1月　6年生を送る会の準備・代表委員会の議題決め
2月　1年生を迎える会の準備・代表委員会の議題決め
3月　1年間の振り返り・委員会報告会の準備

②本日の具体的な内容
(1) 自己紹介
(2) 役割決め（委員長・副委員長・書記など）
(3) 委員会の目標決め（用紙に記入）
(4) 次の代表委員会の議題・原案決め（学校のスローガンについて）

委員会活動の計画

を予告しておくこともあります。前年度の写真や動画やモデルとなるポ
スターなども準備できるといいです。説明を聞きながらメモを取ること
を指示し、自分事として捉えられるようにします。「困ったら先生も頼
ってね」というメッセージを伝え、活動を始めます。

『学び合い』中期（5～10月）

　2回目からは②を、委員長を中心に作成します。委員長が次の委員会
の内容がわからないときは、担当の先生に事前に確認するように伝えま
す。委員会ごとに短時間の打合せを週に一度行います。打合せの連絡は
基本的に子どもたちで行いますが、メンバーが揃わないときは担当の先
生が声を掛けることもあります。常時活動を振り返り、今後の見通し・
成果を共有します。委員会活動中は、なるべく教師は口を出さず子ども
たちを見守ります。子どもたちは試行錯誤する中で、困ると教師に聞き
に来ます。話を最後まで聞いた後にアドバイスをします。内容を要約し
たり共感したりするだけで解決することもあります。

　また、休み時間などに廊下ですれ違うタイミングは、何気ないやり取
りができるゴールデンタイムです。担当の先生が気にかけてくれること
が安心感につながります。

『学び合い』成熟期（11〜3月）

　休んだ人や常時活動を忘れた人がいても、代わりに取り組む人が出てきます。教師は「気の利いた行動が増えてきてうれしく思います」と伝えます。進んでリーダーシップを取る子もいれば、縁の下の力持ちのようにサポートする子もいます。自分の立ち位置を理解し始めます。

🗨 考え方（及び指導スタイル）

　委員会を担当すると、口を挟みたくなる場面がたくさん出てきます。子どもたちが自分の力で頑張ろうと創意工夫している時に教師が介入したことで、教師主導で活動が進んでしまうことがあります。子どもたちには経験をたくさん積ませ、体験的に学んでほしいです。何か言いたくても教師がグッと待つことが鍵だと思います。そのために、①・②を丁寧に作成すること、委員会の定期集会をサポートすることなど、子どもたちがやりやすい環境を整えることが大切です。

　定期集会に関しては忙しくて教師が参加できないときがあるかもしれません。そのときは事前に委員長に定期集会が終わったら報告するように話しておきましょう。報告を疎かにしてしまうと担当の先生が気にしないから適当にやっちゃおうと思う子が出てくるかもしれないからです。

　あくまで子どもが主体ですが、教師が全く介入しないというわけではありません。ときには、一緒に活動することもあれば、何かお願いされたときはもちろん期待に応えます。そうすることで信頼関係が構築され、自分たちで何かやってみたいと主体的に取り組むようになります。

🗨 あり方

　準備を怠らなければ教師が主体となって進めることは可能です。むしろその方が手っ取り早いかもしれません。指示されたことを行い、ちゃんと取り組んでいる子どもは評価されると思います。ですが、主体性を伸ばすならば、どこかのタイミングで「任せる」という決断をしたいです。「失敗しても大丈夫。またやってみよう」と寄り添えるあり方が大切にし、教師も一緒に楽しみながら取り組みたいです。　　（高橋恵大）

子ども主体のあいさつ運動を実現する

対象：小学校中・高学年、中学校全学年

おはようございます
こんにちは

大切

💬 進め方

『学び合い』初期

　児童会活動で、あいさつを10回したら廊下の学年の掲示にシールを貼るなどの活動がありました。低学年は喜んで貼りますが、高学年になるほど、シールは少ない現実があります。児童会で出たアイディアも、やらされ感や目的のずれを感じながら、マンネリ化していきます。

『学び合い』中期

　例えば、計画委員や生徒会役員でプロジェクトのきっかけをつくります。**教師**「学校生活を振り返り、足りないなぁ、課題だ、と思うことを出し合って実践するプロジェクトをやってみない？　学校の主役は先生たちではなく、（子どもたち）みんなです。先生たちはみんながチャレンジしたいと思ったことを精一杯サポートしていくよ。一度きりの学校生活、みんなのプロジェクトで革命が起きるかもしれない！　どう？」

　無理強いはしません。しかし多くの場合、やってみたい！となります。また、ここで、子どもたちから「あいさつが足りない」などと出てこなければ、あいさつに関する活動は実施しません。不要です。

　課題をふせんに書き込み、どんなプロジェクトに取り組むか自分たちで決定していきます。実態に合わせ可能であれば、どうなればプロジェクト達成かを共有しておくと意識が高まります。

　また、休み時間などに集まる場合は、次回はいつ集まるかを決めてから解散するように助言しておくことで、教師から次回の指示を出されるよりも主体的に活動していきます。教師は、「こういうことをやってみたい、画用紙がほしい、など何か手伝えることあれば相談してね」というスタンスでサポート役になり、活動の様子を見守ります。

『学び合い』成熟期

　子どもたちから主体的なアクションがあるまでは、進捗状況を聴く程度にとどめ基本的に見守ります。

子ども「先生、お昼のテレビ放送であいさつの大切さを全校のみんなに呼びかけたいんですが、いいですか?」

教師「おお!いいね!　いつやる予定?」

子ども「今週の金曜日を考えています。金曜の放送委員の○○さんに聞いたら、オッケーもらいました。」

教師「いいね、いいね。放送委員会担当の○○先生にも、伝えておいた方がいいかな?」

子ども「○○先生には、◇◇君が聞いてくれるそうです。」

教師「おお!さすが!　木曜あたりに一度、どんな流れか見せて。楽しみだね!　みんなに思いが届くといいね!」

考え方(及び指導スタイル)

　教師が率先して実践し、子どもたちにねばり強く語りかけるという方法もあるかもしれませんが、子どもたちが主体的になるためには、「自分たちで考えてチャレンジしていくんだ!」というスイッチをいかに入れられるかがカギです。そのためには、子どもたちが当事者意識をもてるように大人が環境を整えつつ、介入を控えてサポート役に徹することが大切です。

あり方

　学校の多くは、並んであいさつ運動やシール作戦など見える成果を求めがちです。低学年の子のきっかけには有効な場合も多いと思いますが、主体的に動く子どもを育てるためには、「考えて任せる」ことは重要です。当事者意識のない活動よりも、小さくても主体的に活動をした過程にこそ、社会で通じる力と当事者の成長は大きいものです。

（寶森公喜）

児童会まつりを子ども主体で進める

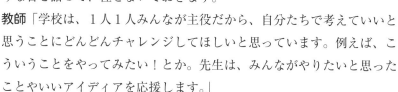

進め方

『学び合い』初期

　年度初めに、教師から子どもたちに次のような旨を語って、種をまいておきます。

教師「学校は、1人1人みんなが主役だから、自分たちで考えていいと思うことにどんどんチャレンジしてほしいと思っています。例えば、こういうことをやってみたい！とか。先生は、みんながやりたいと思ったことやいいアイディアを応援します。」

　「そうなんだ！」とわくわくする子や、自分事でない子がちらほら。

『学び合い』中期

　児童会まつりの少なくても2ヵ月前から見通しをもてるように、予定表やカレンダーを拡大したものを廊下に掲示しておきます。

教師「あと2ヵ月後に児童会まつりだね。みんなはどんなまつりにしたい？　やりたいことやアイディアがあれば、自分たちで考えて決めていいんだからね。3時間分は学活の時間が使えるので、そのときは相談してください」と全体に伝えます。ここでどんなまつりにしたいかを全体で共有しておきます。子どもたち同士の中で、様々な「やってみたい」が生まれていきます。

『学び合い』成熟期

　子どもたちからアクションがあるまでは、基本的に見守ります。

子ども「先生、児童会まつりまで、あと1ヵ月だけど、まだ何も決まっていません。休み時間はみんな外に遊びに行ってしまうし……。」

教師「そうだねぇ。どうしたい？」

子ども「みんなで話し合いたいです。」

教師「話し合う時間、取ろうか？　明日の5時間目なら取れるよ。帰り

の会でそのことを伝えておいて、事前にみんなにアイディアを短冊に書いてもらうと時間短縮になるかもね。やり方、色々あるだろうけど、一緒にやれそうな友だちがいたら誘って考えてみたら。成長のチャンスだね。任せるよ。楽しもう！」

考え方（及び指導スタイル）

あくまで子どもたちが主体です。行事に対する子どもたちの想いや目標（ゴール）をクラスで共有し、見通しをもたせ、子どもたちに任せることが大切です。教師は、子どもたちが主体的に活動できる環境を整えていきます。前述した予定表は、教室内でなく廊下に掲示することで、同学年や他学年の子どもたちにも波及し、学校全体で見通しをもって取り組める共有アイテムとなります。学級や学年を超えて、進捗状況を話す機会も生まれていくでしょう。

また、教師が話し合いの進め方を紹介しておくことで、進め方の選択肢が広がり、同時に子どもたちのファシリテーション技術の向上にもつながります。実際にどの方法で進めるかは、与えられた条件（残り2ヵ月、授業時間を使えるのは学活で3回など）と共に、子どもたちに任せて考えさせます。

あり方

教師が主導で効率よく進めることは可能です。しかし、「任せる」ことで子どもたちは様々な困難に直面し、問題解決し、それらは全て成長の機会となっていきます。保護者や同僚の先生方は、クラスごとの完成度を見て、その担任の学級経営の「表面」を評価するかもしれません。すると、子どもたちには完成度の高いものを求めたくなりますし、無意識のうちに子どもたちの問題解決や考える機会を奪い、教師がまとめやすいように働きかけている自分にハッとするときがあります。

自分の考えをもたず、指示通りに動く……そのように育ってほしくはありません。完成度の高さよりも、子どもたちが主体的に動き、壁にぶつかりながらも当日を迎え、「自分たちでやったぞ」と、やりのけた過程にこそ、大きな成長があるのです。

（賓森公喜）

子どもたちの思いや願いを実現する児童会まつりを企画する

進め方

　射的や迷路、お化け屋敷……児童会まつりは、子どもたちのテーマパーク。夢のような時間の準備・運営を児童会や学級で進める一大行事。大人があれこれ指図するのはもったいない！　子どもたちが自ら考え、チャレンジできるよう「目的」「目標」「役割とスケジュール」を共有し、子どもたちと楽しみながら成長する時間にしましょう。

『学び合い』初期

　まずは「目的（何のためにやるのか）」を共有します。児童会まつりは、「協力してイベントを成し遂げること」「お客さん（関わる人々）に楽しんでもらうこと」が主な目的となります。精選した言葉で丁寧に、その意義を伝えていきましょう。

> 　X日後の児童会まつりには、（ここにいる）みんなが楽しい！と思えることをやりたいよね。そして、来てくれたお客さんにも楽しい！と思ってもらえるなら最高だよね。そのためには、1人1人がアイデアを出し、役割をもち、力を合わせ助け合うことがとっても大事です。友だちや家族が来て、「ステキ☆」と感じる工夫や心遣いを、知恵と力を出し合ってみんなで盛り込んでいきましょう。まずはチャレンジ！失敗もOK、そこから得られることは必ずあります。やってみよう！

　次に「目標（目指すべき1つの到達点）」を共有します。子どもたちが「いつまでに、何を、どれくらい」できたらいいのかを示しましょう。例えば、「児童会まつりの1週間前に、完璧なリハーサルを自分たちでできる」とすると、本番の1週間前に本番同様に仕上げるという時間的な見通しと、気持ちの面でのゆとりを子どもたちももつことができます。

「役割とスケジュール」は、大まかな日程と役割を教師がカレンダー等に書き出しながら、学級で分担や相談をして進めましょう。教師が過剰に作り込まず、子どもたちの気づきやアイデアを大切にすることで多くの子どもたちを巻き込み、主体的に関わっていく集団をつくります。

『学び合い』中期

目的や目標が少ないやりとりで子どもたちと共有できる時期です。多くの活動が子どもたち中心で進んでいきます。目指す姿や強い思いがあるからこその食い違いや対立も起こる時期。教師はその思いや願いを受け止め、子どもたちと一緒に解決方法を考えるようにしていきます。

『学び合い』成熟期

この時期には、「目的」を示したら、「何をどれくらい自分たちで進めるか」を相談するところから始めます。教師が方法や分担を例示することで活動がスムーズになる場合もありますし、集団の成熟過程で「先生！私たちに任せて！」とグイグイ進むこともあります。子どもたちの今の力を見極め、その場に適切な環境・情報を用意して示していきます。

考え方（及び指導スタイル）

児童会まつりの主役は子どもたち。遊ぶように学ぶ機会だからこそ、ブレない軸を大切にしたいです。具体的には、①目的に即して子どもたちと歩むこと。②目標へ向けた環境調整を絶えず続けること。③子どもたち中心の活動を実現すること。そして、その中で見つけた姿を捉え、フィードバックし、日常の学校生活にも広げていくことです。

あり方

子どもたちの思いや願いの実現に寄り添うことを第一義にします。そのために、見通しやアイデアなどは可能な限り想定しておきたいものです。それでも想定外のことが起こります。そんなときには、子どもたちと一緒に考え乗り越える心積りを持ち合わせたいです。学びや行動の主体は子どもたち。そこに主権を委ね、寄り添い続けられる存在でありたいです。

（前田考司）

特別活動、保護者、同僚その他

129

運動会のダンスを子どもたち中心で進める

進め方

『学び合い』初期

　何のために運動会をするのかを明確にするために、『運動会が終わった瞬間、どんな自分・学年でいたいのか』と『運動会で見ている人に何を伝えたいのか』を考えさせ、ゴールを共有します。表現種目の練習は、踊りの映像を活用し、本物を見て練習をするのが効果的です。体育館のスクリーンに映し出しながら練習をします。細かい部分の動きは丁寧に確認をします。

『学び合い』中期

　「□月△日にグループ毎に発表してもらいます」と、ミニ発表会を設定します。同時に、「普通バージョン」「反転バージョン」「反転スローバージョン」の３つの踊りの動画を入れたタブレット端末をグループに１台渡します。子どもたちはそれを使って、お手本映像をじっくり見たり、自分たちを撮影して振り返ったりしながら練習に取り組みます。得意な人が苦手な人に教える姿も多く見られるようになります。

『学び合い』成熟期

　本番に向けて全体で練習を行います。練習の最後には踊りを撮影します。廊下にテレビを設置し、その映像を朝や休み時間に流し続けます。「俺、動きが遅れているじゃん！ Ｍさん教えて！」「Ｙさんの声がすごく聞こえるね！」「前よりみんなの動きが揃うようになってきている！」などの会話が、テレビを前にして行われるようになります。自主的に練習に取り組む子どもも出てきます。廊下で映像を流すことで、他の学年の子や先生も毎日目にします。「６年生すごい！」など、毎日のようにフィードバックのつぶやきが聞こえます。授業時間内で他学年と演技を

見合うことや、学年以外の先生に練習に来てもらうことも行います。

担任は、子どもたちが自信をもって演技に取り組むことができるように前向きな気持ちを伝えて褒めます。自分たちの納得のいく練習と本番を終え、清々しい笑顔と思い出が心に残ります。

考え方（及び指導スタイル）

運動会は毎年あります。演技内容も毎年同じになっているところも多いです。「今年は6年生だからソーラン節を踊る」。その当たり前が子どもたちの中であります。だからこそ、『運動会が終わった瞬間、どんな自分・学年でいたいのか』『運動会で見ている人に何を伝えたいのか』を考えさせることで、目指すゴールが明確になり、主体的に活動に取り組むことができます。

運動会の練習というと、「意欲的に取り組む→失速→教師が喝を入れる→勢いを取り戻す→本番大成功」といった流れが多いと思います。もちろんこれを否定するわけではありません。自分もそんなときがたくさんあります。しかし、「教師が喝を入れる」がなかったらよりよいのではないでしょうか。そのために、練習期間の途中でグループ毎の発表を設定します。そこに向けて学び合ったり、高め合ったりすることで主体的に活動に取り組むことができます。映像を廊下で毎日流し続けることで、自分たちの成長を日々視覚的に実感することができます。

また、他学年の子どもや先生にも見てもらい、フィードバックをもらうことで、長い練習期間でも失速することなく活動に取り組めるようになります。私たちは理想を子どもたちに強く求めてしまいがちです。だからこそ「何のために運動会をするのか」を、私たち自身も考えていきたいです。

あり方

「辛さを乗り越えないと成長しない」「努力は辛い」。そんな思い込みをしがちですが、必ずしもそうとは限らないと思います。「どうやったら楽しく、気持ちよく成長できるか」を常に思考していきたいです。

（大内秀平）

子どもたちの思いを大切に
学習発表会の劇練習を進める

対象：小学校全学年

進め方

準備期（本番4ヵ月前）

　まず、学習発表会の目的を子どもと共有し、学級としての目標を決めます。この過程なしに、子ども主体の学習発表会にはなりません。「観客にどうなってほしいのか？」という具体像を全員で考え、話し合いを通して目標を設定します。そして、目標や条件に合った台本を複数用意します。その際、用意された台本に不満が出ないよう、子どもたちも台本を探して提案する権利があることを伝えます。候補が出そろったら、それぞれの魅力と難しさを整理して解説し、子どもたちがそれらを理解したうえで演目を決定します。

練習期（本番2ヵ月前）

①個人練習・ペア練習・グループ練習等の個別練習に取り組む

　練習を効率的に進めるために、壁に向かって演技する「個人練習」、2人で見合って改善点を伝え合う「ペア練習」、場面ごとの出演者で見合って改善点を伝え合う「グループ練習」を取り入れます。このような練習と、場面ごとの通し練習は、交互に行うとよいでしょう。

②子ども自身が観客になって、目標の達成度を確かめる

　場面ごとの通し練習では、その場面に出番のない子が、観客として演技を見ます。終わった後には、「感動して泣いた人はいる？」など、目標の達成度を確かめて、改善策を募ります。繰り返しますが、はじめに設定する目標は、観客の姿を具体的に思い浮かべられるような言葉にします。作品が完成に近づくにつれて、友だちの演技に感動する子や鳥肌が立ったと言う子が表れ、自信にもつながります。

③同僚を批評家ではなく、ファンにする

　学習発表会の練習を、教師主導にしてしまう一番の原因は「周りの目」と言って過言ではないでしょう。その呪いから、教師も子どもたちも解放されるためにも、早い段階から同僚に見てもらい、感想を聞きましょう。担任以外に見てもらうことで、子どもの演技に対する緊張感も高まります。また同僚に、練習初期からの成長を見てもらうことで、応援する感情をもって、ファンとして本番を観てもらえます。

仕上げ期（1ヵ月前）

　演目は、本番の1週間前に完成させることを目指します。予行練習がある場合は、そこに全力を注ぎます。そして、同僚や異学年からの感想を集めます。この意見をもとに、最後の改善に取り組みます。

考え方（及び指導スタイル）

　多くの子は、学習発表会を楽しみにしています。しかし、その楽しみを奪うのは、教師の一方的な指導です。教師の演技指導が悪いというわけではありません。子どもとの対話を通して改善点を提案し、子どもがその提案を試し、納得して取り入れる。そうやって、子どもと教師が力を合わせながら作り上げればいいのです。子どもの声を聞かない、一方的な指導の多くは、教師の準備不足と不安から生じます。それでは、よい表現は生まれません。表現の魅力は、自分を型に当てはめるのではなく、自分の力を解き放つことで、引き出されます。まずは、教師が不安にならないよう、ゆとりをもって計画し、同僚と協力して準備を進める、そうすることで、子どもの力を最大限に引き出すことができます。

あり方

　学習発表会は、子どもたちの活躍と成長の場です。教師は、そのことを大切にし、今目の前にいる子どもの姿から実践を始めましょう。「去年の6年生が……」や、「他の学年は……」という発想は、すでに教師が一方的に、減点法で子どもを観ている証です。今の子どもたちの姿が、子どもたち自身の目標と比べてどうか、今から何ができるのかを考え続けるのです。

（菊地南央）

子どもたち中心の特設部（合唱部）活動 練習を行う

💬 進め方

『学び合い』初期（4〜5月）

　「どんな活動がしたい？」と問うことから始めます。大会で金賞を狙うならばハードな練習、コンサートを目指すならばパフォーマンスの練習が必要……など、目標と練習内容を子どもと考えることが、主体的な活動につながります。

　目標と練習内容が決まったら、子どもたちだけでも練習を進められる仕組みを整えます。例えば私の学校では、子どもに貸し出すことのできる iPad にブレストレーニングや発声練習、パート別音取り音源、練習の進め方ガイドなどを入れ、基礎練習は各々のペースで行っています。自分に必要な練習を多めに行ったり、友だちと教え合ったりする姿が見られれば、自分たちで工夫して活動していることを価値づけます。

『学び合い』中期

　自分たちで活動を進める中で、マンネリ化したり、やる気に差が見られたりすることがあります。そこで、以下のようなステップアップの方法を伝えます。

> ①鏡や写真・動画を使って、自分たちを客観的にみる
> ②少人数（学年／パート／ランダム）で相互鑑賞・相互評価する
> ③歌うときの列や隊形、場所を変える
> ④校長先生など、お客さんを呼び、小さな発表の場を設ける
> ⑤プロの方に教えてもらったり、演奏を鑑賞したりする

　大人数で活動する中で緊張感がなくなったり、慣れて適当になったりするのは仕方のないことです。環境を変える方法を提示しましょう。

『学び合い』成熟期

　目標にしていた活動が終わったら、部の解散の前に、振り返りの時間を取ります。部活動を通して学んだこと、うれしかったこと、気づいたことをみんなで出し合い、活動を価値づけます。「ここでの経験はきっとあなたの人生を豊かにしてくれるよ」と私は一言添えたいです。

考え方（及び指導スタイル）

　合唱に限らず、文化活動も運動も、生涯にわたって楽しく続けられること、豊かな心や創造性が育まれることが、そのよさです。一方で、歌が好きで合唱部に入ったはずなのに、生気のない目で"歌わされている"ような姿を見ることがあります。なぜだろう……と考えると、「時間がないから」と、子どもたちの活動に対する思いや願いを汲み取らず、教師の決めたことをやらせているという背景がありました。

　「生徒の自主性・自発性を尊重」するようにと、文化部活動の在り方に関する総合的なガイドライン（文化庁）[1]に書かれています。始まりに多少時間をかけても、子どもたちの声から目標を立て、生き生きと活動できるようにすることが大切なのだと思います。

あり方

　先述したように、部活動のガイドラインに「生徒の自主性・自発性を尊重」「多様なニーズに応じた活動」等の文言がある通り、部活動に『学び合い』の考え方を当てはめることは間違いではありません。所属する学校に伝統や慣例がある中でも、覚悟をもって、当事者である子どもたちの気持ちを中心に活動を考えたいです。

　また、子どもに活動を任せることで担当教員の負担も減ります。ICTを活用して練習の仕組みを整えれば、専門知識のない教員でも指導を行うことができます。複数名の教員で監督時間を振り分ければ、仕事にも余裕が出て、持続可能な活動を行うことができるのではないでしょうか。

（菊地紗也子）

＊1　文化庁「文化部活動の在り方に関する総合的なガイドライン」2018年、6頁。

『学び合い』と相性が悪いルールやスタンダードがある

対象：小学校全学年、中学校全学年

このルールは、何のためにあるんだろう？

進め方

準備期

　まずは教師自身、学校のルールやスタンダードが、「何のためにあるのか」や「どのような効果が期待できるのか」について、同僚に聞いたり、調べたりしましょう。

初期

　子どもたちの実態を把握しましょう。子どもたちは、前年度から学校のルールやスタンダードのもとで生活しています。そのため、その方針に則った学習や生活の仕方が、ある程度身についています。そして、継続の必要性を感じれば、ルールやスタンダードを用いた指導を継続しましょう。

　しかし、ルールとスタンダードは、それぞれその名の通り「規則」と「標準的なもの」ですから、子どもたちが成長していく過程で、必ず窮屈さが生じます。また、発想を拡げる話し合い活動や、個に応じた目標を設定した学習など、適さない場面は必ず出てきます。

中期

　ルールやスタンダードに囚われない学びの実現を目指します。授業の中や、学級活動等において、これらが「何のためのものか」を担任する学級の子どもたちと話し合います。その中で、これまでに把握した教師の実態を率直に伝えます。ルールやスタンダードの目的・目標を子どもたちと共有したうえで、より高いレベルでの実現を目指します。

　つまり、ルールやスタンダードに囚われずに、自分自身で必要な手段を考え、行動することを促すのです。

後期

　ルールやスタンダードに囚われない学びをつくることは、これまで

136

「標準」という安心の傘の下にいた子どもたちにとって、たやすいことではないでしょう。しかし、試行錯誤を繰り返しながら、一歩ずつ自ら成長していくことには大きな価値があります。教師は、子ども自身が、「何のために」その学び方を選択し、取り組んでいるのかを話すことができるように、その後押しをし続けます。

考え方（及び指導スタイル）

『学び合い』の子ども観に、立ち返って考えましょう。「子どもたちは有能である」ということを踏まえれば、子どもたちの成長を妨げるようなルールやスタンダードは必要ありません。その代わりに、適切なフィードバックを与え、常に改善を促し続けていくのです。

しかし、そのルールやスタンダードが、子どもたちの能力をより効果的に引き上げるものであると考えるならば、子どもたちに説明し、理解を得たうえで取り入れるとよいでしょう。『学び合い』と相性が良いか悪いかに関係なく、子ども自身が納得し、効果を実感すれば、行動は変容します。

もし、このような実践の方針に、同僚から批判の声が上がった場合は、ルールやスタンダードのあり方を、対話のテーブルに乗せるチャンスです。「何のため」のルールやスタンダードなのか、どういった子どもを育てたいのかを、じっくりと話し合ってみてはいかがでしょうか。

あり方

ルールやスタンダードのメリットは、均質化できることです。デメリットは、異質なものを認められなくなることです。教師は、その双方について理解した上で、思考停止することなく、最善の教育手法を取っていくことが必要です。このことは、組織で何かを決定する際も同じです。適切に評価を行えない取り組みは、手段の目的化を生じさせます。常に振り返り、最善の手法を検討し続けなければなりません。

（菊地南央）

1人学びを選択することが多い 子どもの保護者へ背景を説明する

対象：小学校全学年、中学校全学年

進め方

『学び合い』初期（4〜5月）

　まず、1人学びを選択することが多い子どもの保護者の話をよく聞きます。友だちがいないのではないか、仲間外れにされているのではないか、『学び合い』で学力が身に付くのか、など不安な気持ちをよく聞いた上で、丁寧に説明します。

　人間関係に不安を感じている保護者の場合には、休み時間や他の教科等での様子を伝え、いつも1人でいるわけではないこと、『学び合い』は他者との交流を強制するものではないことなどを伝えます。学力に不安を感じている保護者には、今後の学習の状況を見守っていてほしいということと、必要であれば教師が関わり、個別に補充学習を行うことなどを伝えます。

　「お子さんは、1人で勉強していることについて、家で何か不安や不満を口にしますか？」と尋ねることも大切です。それが本人の悩みなのか、親としての悩みなのかを知ることで、今後の関わり方が決まるからです。

『学び合い』中期（6〜10月）

　学級全員に『学び合い』の考え方が浸透してくると、周りの子がその子に声をかけるかもしれません。または、場面や学習内容によっては、自ら周りの子と関わろうとするかもしれません。授業参観や学校公開を何度か経ているので、その度に保護者に日頃の様子を伝えます。

『学び合い』成熟期（11〜3月）

　学級全体が、以前までのようにすぐに立ち歩くのではなく、まず1人で考えてから、必要に応じて聞きに行ったり鉛筆の止まっている子に声

をかけに行ったりするようになります。保護者には、「場面に応じて自分の学び方に合った方法を考えて行動できています」と伝えます。

考え方（及び指導スタイル）

この事例のように保護者から「うちの子が1人でいるのは不安」と言われると、明日にでも本人や周囲に声をかけて、積極的に関わり合うように「指示」や「お願い」をしたくなるかもしれません。

しかし、保護者が見ている子どもの姿は、学校生活の一場面であり、他では違う様子が見られるはずです。あるいは、他者とのコミュニケーション能力に課題が見られる子どもの場合には、むしろ教師から強制されて他者と関わったとしても、解決にはなりません。自分から関わり合えなくても、周囲の子が話し合う声を聴いて「ああ、そうか」と気づいたり、黒板に書かれた他の子の意見を見て学んだりすることも『学び合い』である、と教師がブレないことが大切です。

一方で、保護者の不安は、どのような願いから発せられていることなのかを丁寧に聴き取ることも大切です。「考え方が違う」と真っ向からぶつかるのではなく、寄り添う姿勢で、ともに子どもの成長を考えられる関係を築けるように努めましょう。もしかしたら、その保護者は3月には『学び合い』を大いに支え、励ましてくれる強力な味方になってくれるかもしれません。

あり方

保護者は、我が子に楽しく学校へ通ってほしいと願うものです。私たちが保護者の不安を払拭するためにできることは、丁寧に話を聴き、繰り返し説明することも大切ですが、何よりも子どもの姿を見てもらうのが一番です。「楽しく」学ぶこととは、常に誰かといておしゃべりをすることではなく、自分の必要とする学びを自分で選択し、行動できることだと教師が伝え続けることで、保護者と、何よりも子どもたち1人1人の理解を得ることにつながります。

（井出祐史）

初めての授業参観で『学び合い』授業の様子を見てもらう

進め方

目標を定める（年度当初）

　最初の授業参観に向けて、１教科にしぼっ
て基礎・基本的となる技能を鍛えます。年度
当初は何かと教えるべきことが多いですが、
あれもこれもはできません。例えば、社会科なら「地図は広がりや集ま
りに注目して読み取る」とか、根拠を説明するときには「教科書の○番
の資料では」と話すなど、その教科特有の技能を繰り返し指導します。
ここでは、できている子どもを取り上げたり、必要であれば教師が子ど
も役を実際にやってみせたりして、「何がよいのか」をしっかりと教え
ることと、適切にできていたら評価することが大切です。

　自分が得意な教科を選んでもよいですが、校内研究で取り組んでいる
教科であれば、手立てや学習の流れ、板書など共通理解事項をもとにす
ることで、すでに前年度から身についていたり、指導しやすかったりす
る場合もあります。私は「○月○日の授業参観で○○（選んだ教科）を
やります。そこで皆さんが○年生になった素敵な姿を見せたいと考えた
のだけど、どうですか？」と率直に子どもたちに伝えています。

授業プランを立てる（１週間前〜前日）

　話し合い方や発言の仕方など、他教科・領域でも共通する学び方につ
いては、他の授業時間にも積極的に教え、適切にできている姿を評価し
続けましょう。早ければ１週間ほどで効果が出始めます。授業参観当日
の授業プランを立てる際は、現時点までで子どもたちが身に付けている
技能や学び方をもとに考えます。

　この時期にはまだ、孤立してしまう子や自分から声をかけられない子
も少なくありません。ここで大切なのは、教師と子どもたちが授業参観

で見せたい「学び合う姿」とは、どのような姿なのか授業場面に即して具体的にイメージすることです。仮に、自由に歩き回って活発に話し合うことができなくても、友だちの発言をもとにして、自分の考えを伝えたりノートに自分の考えを書いたりする姿は、立派な「学び合う姿」と言えるのではないでしょうか。

目標の達成度を評価する（授業参観の翌日）

　教師の目から見て、授業参観の様子はどうであったのか、評価を伝えます。授業後に何人かの保護者から感想を聴き取っておき、それを伝えてもよいでしょうし、子どもたち自身に自己評価させることで、今後の授業への学習意欲を高めることにもつなげられます。

考え方（及び指導スタイル）

　『学び合い』を初めて授業参観に取り入れたとき、私も「保護者はどう感じるのだろう？」と不安な気持ちになりました。そのとき、はじめから学び合う姿を見せるのではなく、「学び合おうとする姿」もしくは「『学び合い』という新しい学び方を学んでいる姿」を見せよう、と決めたら気持ちが楽になりました。後日、保護者から「我が子が座りっぱなしだったのが心配」と相談されたときにも、同じように考えて、保護者の不安な気持ちと真摯に向き合い、説明し理解を得ることができました。

あり方

　『学び合い』では「教師は何も教えない」のではなく、教師の役割の1つとして、必要なことはしっかりと教え、鍛えることも大切です。

　また、多くの保護者にとって関心があるのは「どんな学び方をしているか」よりも「授業や学級集団の中で、我が子がどう参加しているのか」です。その期待に応えるには、目の前の子どもたちが「今できること・できそうなこと」をもとに授業を組み立てることが大切です。

（井出祐史）

授業参観で保護者にも『学び合い』授業に加わっていただく

進め方

　参観日は、保護者の方に日常の学級の姿をお伝えできる機会です。そこで、保護者の方にも授業に加わっていただき、『学び合い』を体感できる時間にしましょう。

『学び合い』初期（アイデアをたくさんやりとりする時期）

　新年度や『学び合い』の取り組みはじめには、「みんなでやったら（うっかり）できちゃった」という経験を味わいたいです。例えば、社会で「地域（学区、市や県）の有名な物事を全員が5個以上10分間で集める」と課題を設定します。大人も子どもも一緒になって交流し、「みんなでやったらあっという間にできちゃった！」を教室のみんなで味わいたいものです。この過程では人との関わりが必ず生まれ、それにより多くの情報が1人1人に積み重なっていきます。その中で得た情報量（＝学びの多さ）を教師は丁寧にフィードバックし、協働する尊さを教室のみんなで共有しましょう。

『学び合い』中期（6～10月）考えを交流する時期

　子どもたちがゆるやかにつながり学ぶようになってきたら、「多様な考えを交流する」課題を設定します。例えば、道徳で「家族の力になるために、自分ができることを3つ、3人に伝えてOKサインをもらう」など、自分や友だちの考えたことを伝え合います。そこに保護者の方が入ることで、子どもたちの考えに対する新たな視点や勇気づけとなります。その中で、お互いに考えをやりとりする楽しさを味わいたいものです。

『学び合い』成熟期（11～3月）考えを説明する時期

　自分（たち）の力で考えをつくり、それを他者に説明することで深めていく時期には「考えを伝え、その反応からさらに学びを深める」課題に取り組みます。算数で単純明解な計算方法を検討したり、国語で文章を読ん

で解釈を伝え合ったりする場面で、保護者の方には子どもたちの学びを肯定的に受け止めつつ、鋭い指摘や反論のやりとりもできる場にしたいです。大人も子どもも一緒になって1つの課題を解決していきます。

こうした形で参観をしたあとには、保護者の方との振り返りも大事にしたいです。子どもたちが振り返りをしている間や、授業後の懇談会で「授業の中の子どもたちの様子」について保護者同士で感想を語り合い共有できると、『学び合い』の目指す姿をより実感できるのではないでしょうか。また、私たち教師も、保護者の方が感じたことや思ったことを受け止めていくことが、日々の授業づくりに生きるように感じます。

● 考え方（及び指導スタイル）

『学び合い』の学校観[*1]にあるように、人と関わることで多様な見方・考え方が自分の学びに生きることを実感し、周りの人との同僚性を体感していくことを日々大切にしていきます。参観日は、その一端で保護者の方に授業に加わっていただく場と捉えています。だからこそ教師も保護者の方も、子どもたちに教えるのではなく、学び手の一員として関わることを大切にしていきます。

また、保護者の方に授業に加わっていただく際には、お便りや授業の冒頭で「子どもたちの課題達成のために、私たち大人は何をするのか」を伝える場を設けます。それにより、保護者の方に参観者から参加者へと立場をかえて加わっていただけるようにしたいものです。

● あり方

『学び合い』の授業をつくる中で、大人の私たちも学び手となって子どもたちに問い、考え、新たな気づきに出会うことで、実感として学ぶことは多くあります。だからこそ、保護者の方にも、子どもたちの成長を願う仲間として学級に目を向け、共に子どもたちの学びを分かち合える場を育んでいけるようにしていきたいものです。

（前田考司）

---

*1　西川純『資質・能力を最大限に引き出す！『学び合い』の手引きルーツ&考え方編』明治図書、2016年、82頁。

『学び合い』の様子を保護者懇談会で交流する

(対象：小学校全学年)

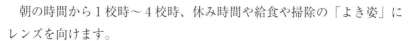

進め方

『その日ムービー』を撮影

参観日当日、デジタルカメラやタブレットなどで子どもたちの1日の様子を撮影します（前日までに撮影したものでも OK）。

朝の時間から1校時〜4校時、休み時間や給食や掃除の「よき姿」にレンズを向けます。

教え子自慢を促す『その日ムービー』

撮影した『その日ムービー』を、初めての懇談会で保護者と共に大画面で見ていきます。特別な編集は必要ありません。

「頭の距離が近くて、真剣さが伝わってきますよね。」

「わかったーってときの、これ、この表情が素敵ですよね。」

「こうやって1人で黙々と考えることも大切にされる教室です。」

「給食時間も自分ができることを見つけて全員で準備を進めます。」

映像や写真にもとづく具体的な教え子自慢は、「普段の様子がわかる」と保護者からとても好評です。

我が子自慢を促す『我が子エピソード』

懇談会資料に、『我が子エピソード』の記入用紙を綴じ込みます。千葉県の飯村友和先生に教えていただいたものです。私は、懇談会の中で書いてもらいます。ペアやトリオで交流し、メンバーを変えてメモのように書き足しながら交流します。授業の雰囲気も保護者にちょっぴり体験してもらいます。この取組をきっかけに、今ではお茶飲み友だちという方々もいらっしゃいました。

懇談会に来られなかった家庭からは、後日子どもを通して提出してもらいます。ほっこりエピソードが綴られ、保護者とお会いしたとき（行

事や次の参観）や電話連絡など
のときにも会話が弾みます。

考え方
👥（及び指導スタイル）

　教え子自慢（教師）×我が子
自慢（保護者）が促される手立
てを懇談会に取り入れるように
しています。子どもたちの「よ
き姿」を通して保護者とつなが
りたいと考えているからです。

　「先生は、我が子のことをよ
く考え、よく見てくれている」、
「たくさん話せて満足」。

　保護者に強力な応援団になっ

学級通信タイトル募集中	○○小○年○組 学級通信 No.○

教えてください！「我が子エピソード」

指導や支援は、まず一人一人のことを知ることからはじまります。
私がこの2週間で見つけた一人一人のいいところ、前年度まで関わった先生から聞いていたいところがあります。
ぜひ、おうちの方が知っている『我が子自慢』もたくさん教えてほしいです。
これまで印象に残った『我が子エピソード』を記入してください。
こんな力を付けてほしいという要望もどうぞお願いします。
お手数ですが、4月中にご協力をお願いします。
一人一人の力を伸ばすお手伝いを精一杯していきます。どうぞ、よろしくお願いします。

…切…り…取…り…

お子さんのお名前（　　　　　　　　　　　　　）

てもらうための尊い場と意気込みつつも、子どもたちの「自慢話」に花
を咲かせる時間と思えるようになったら、懇談会が楽しみになりまし
た。懇談会資料を読むだけの懇談会（資料が丁寧過ぎるのも問題だと考
えます。）ではもったいないです。

👥 あり方 ．．．．．．．．．．．．．．．．．．．．

　「『学び合い』でこんなに素敵な子どもたちの姿が見られるんです！」
　胸を張って教え子たちの「自慢話」ができるような日々を過ごしたい
ものです。こそこそと実践していてはいけません。懇談会を演出するこ
とはとても大切ですが、日々を「誠実」に過ごすことが何よりも大切で
す。

　日々の中で、「カメラを向ける余裕」がある授業や生活ができている
でしょうか？　学級づくりの1つのバロメーターとなるはずです。

　懇談会も普段の授業の「延長」です。

　　　　　　　　　　　　　　　　　　　　　　　　　　（鈴木優太）

学年主任や管理職が『学び合い』に好意的ではない

対象：小学校

先生、もう少し、見守っていただけませんか。

進め方

『学び合い』初期（4〜5月）

　まず、学年主任や管理職の話をよく聴きます。学校や学年全体として決められていることについては、それは守る必要があります。

（※詳しくは、本書「学校スタンダードで話し方（話型）が決められている」36〜37頁を参照）

　次に、相手が自身の子ども観や教育観、経験に基づいて話している場合ですが、やはり相手の話をよく聴くことが大切です。『学び合い』の考え方やあり方を否定しているのではなく、やり方から生じる学習規律の乱れや子どもたちの人間関係に不安を感じる先生が多いようです。具体的には、「立ち歩くことで、遊んでしまう子がいるのではないか」や「仲良し同士で集まって人間関係が固定化するのではないか」といった心配を耳にします。

　そこで、説明・説得してやり方を認めさせるのではなく、どのような学級を目指しているのか、熱意をもって伝えます。また、4〜5月では、まだ『学び合い』が浸透し始めている時期であり、「もう少し、見守っていてほしい」ことを伝えましょう。学年や校務分掌の場合、行事や取組の主担当になることで、その企画・準備や指導の際に、『学び合い』を取り入れて進めることができるかもしれません。

　もしも、聴き入れてもらえなかった場合には、相手の話を聴き入れた上で、代案を考えましょう。『学び合い』に「このやり方でなければならない」ということは、ありません。また、授業場面以外にも『学び合い』を進めることはできます。生活場面や行事の指導など、機会をとらえて子どもたちに伝えていきましょう。

『学び合い』中期（6〜10月）

　子どもたちは学級での生活の中で、先生の言行が一致しているのか、よく見て判断する時期です。先生自身が『学び合い』の考え方に基づいた発言や行動を見せることで、子どもたちのよいモデルとなり、それだけで着実に『学び合い』が浸透していきます。

　また、そういった子どもたちの姿を他の先生方に見てもらう機会をもつことで、応援してくれる先生が増える時期でもあります。そうなれば、その後はより多くの場面で、積極的に『学び合い』を進めることができるようになります。

考え方（及び指導スタイル）

　まずは、相手の話を聴いて「否定された」と悲観的に捉えるのではなく、「そういう見方や考え方もある」と受け止めましょう。校内において経験も立場も差がある、考えが異なる先生方を説き伏せようとしても、かえって状況を悪化させる場合があります。

　また、自分のこれまでの学級経営や授業、先生方との接し方などから相手に不安を与えていることも考えられます。その場合は、相手とよく話し合い、自身の指導や仕事に対する姿勢を見直すことで、解決に向かうことができます。

あり方

　本書でも繰り返し述べている通り、『学び合い』は、やり方ではなく、考え方であり、あり方です。ですから、学年主任や管理職にそのやり方を指摘されたとしても、授業中だけでなく生活のあらゆる場面を通して『学び合う』学年・学級を実現することができます。

　また、『学び合い』の実践の引き出しを増やすことで、心に余裕が生まれ、柔軟に受け止めやすくなります。

　『学び合い』以外の仕事や職員室での人間関係など、不安を与える要素がないか、省みることも大切です。

（井出祐史）

同僚が『学び合い』に
好意的ではない

対象：小学校

ステップ①自己理解

　どうして自分と考えが合わない人がいるの
か考えます。「自分は学校の中で他の人と違
うチャレンジをしている」「自分の実践を他
の先生にも広めたい」などの理由から気づいたら他の先生との間に距離
ができているかもしれません。そこで、どうして自分が『学び合い』の考
え方に惹かれたのか、出合ったきっかけは何だったのか、当時の自分を
思い出し、『学び合い』に出合う前にタイムスリップします。『学び合い』
に抵抗がある人に寄り添い、気持ちを理解するきっかけをつくります。

ステップ②相手理解

　どうしてその人が自分と考えが合わないのか、身なりや立ち振る舞
い、性格などから考えます。同僚などから聞いたその人の客観的な見え
方も参考にします。固定概念にとらわれないようにし、同じ職場で働い
ている「仲間」という意識をもちましょう。

進め方

　2つのステップを踏んだら、まず関わる機会を増やしましょう。最初
は否定せずに相手の話を聞きます。もしかすると、相手の考え方に疑問
をもつ瞬間があるかもしれません。ですが、そこは流します。例えば、
学年を組んでいる先生であれば、毎日関わる機会があるので、相手が
『学び合い』の考え方に触れた話をしたときに肯定したり共感したりし
ます。そして、相手が話した実践を尊重し、自分も真似してみます。そ
の後フィードバックをします。「私もそのやり方で成功しました！」と
盛り上がれば、これから『学び合い』の話ができるようになります。

　また、一緒に行事を担当する時間もチャンスです。打合せの段階から

1つのゴールに向かうのでお互いの意見を出しやすいです。ここでもまずは相手の話を聞きます。これまでの経験から「こんなやり方はどう？」と提案してくれるはずです。共感した後、自分のクラスで学び合って成功した体験談を伝えます。もし自分のクラスの姿を普段から見てくれている先生であれば、納得してくれる可能性が高いので、『学び合い』の考え方を土台に話を進めることができます。

　3つ目に同じ委員会・クラブを担当したときです。はじめに互いのやり方が合わず、方向性に違いが見えた場合は方法論の話をしていても進まないので、『学び合い』の考え方をすり合わせていきましょう。やり方は異なっても『学び合い』の考え方に触れている可能性があるからです。

● 考え方（及び指導スタイル）

　相手を理解する前に、自分はどれだけ受容できる人であるのか自分のことを考えます。例えば、もし自分が『学び合い』を知る前に、同僚から「『学び合い』といういい実践があります」と話しかけられたらどうでしょう。その人のことを尊敬していて、関係が良好であれば真似したくなるかもしれません。はじめから自分のやり方を理解してもらえると思わずに接することが大切です。なんで受け入れてもらえないのかという怒りを感じずに距離を縮めることができます。次のポイントは「相手の話を聞くこと」と「その人との関係性」です。相手の指導のやり方を聞いていると、色んな実践を積んだ中から自分に合う実践をしているはずです。会話の中から『学び合い』という考え方をベースにやり方の話をしていけば、抵抗なく受け入れられる可能性が高いです。

● あり方

　自分と意見が合わない方とも折り合いをつけて一緒に仕事をしていくことが求められます。お互い「そのままでいい」というあり方が大切です。そうすれば、相手のことを受け入れることができ、ありのままの自分を出すことができます。

（小学校教員）

第3章

座 談 会

『学び合い』が機能する
学級経営とは

『学び合い』が機能する学級経営とは

　2020年11月某日。本書執筆者17人が Zoom 上に集まり、『学び合い』と関連づけた「学級経営」についての座談会を行いました。実践事例紹介の第2章の内容とは異なり、気軽に心通じ合える仲間と語り合ったからこそ紡ぎ出された「学級経営」に関するお話をどうぞお楽しみください。

【座談会メンバー】阿部隆幸・紺野　悟・海老澤成佳・小島貴之・大内秀平・鈴木優太・高橋恵大・清野弘平・菊地南央・前田考司・菊地紗也子・寶森公喜・井出祐史・千守泰貴・久能潤一・大釜　拓・渡邉　拓

学級経営で大切にしていること、したいこと

阿部　学級経営で大切にしていること、したいと思っていることを紹介し合うところから始めましょうか。

紺野　子どもも心地よくて僕も心地よい場所であることが第一条件だなと思っています。

図1　Zoom 座談会記念写真

海老澤　安心して楽しめる、発言できる、自分の考えを伝えられるという安心感を大事にしています。

小島　僕もその子らしくいられるといいなというのが、自分の思いにあります。

大内　すごく似ています。それぞれが自分らしく、笑顔でいられることです。

鈴木　子どもたちの学びやすさを大切にしていることですね。整った環境を先生が与えるイメージが強いですが、それだけではいけないと感じています。子どもたちが、自分たちの手で環境を整えていくことが大事だと思うんです。不便さに気づくことも大切にしています。必要感をもってほしいから。

高橋　私も結構、鈴木先生がおっしゃったことを意識しています。今、毎日自分のクラスで「クラス会議*1」をしています。自分でクラスをつくっていきたいという子がどんどん増えてきて、新しい価値観をもとに自分たちで選択できるように一緒に作り上げていくことは楽しいですね。

清野　今年（2020年度）はコロナ禍だからこそ、例年よりも特別活動や学級活動の時間を、学習も忙しい中でも増やしている自分がいます。雰囲気づくりを大切に進めています。

菊地(南)　教師として僕が大事にしてることは自然体であること、子どもの邪魔をしないことです。僕はお笑い芸人の「おぎやはぎ」さんが好きなんです。いつもリラックスしていて、キャラで押しませんよね。そのほうが安心して笑えるんです。だから僕も、キャラをやめました。自分自身が自然体でいるのは、子どもも心地いいんじゃないかなと思っています。

前田　学級の中の"風通し"ということにすごく最近目がいきます。特に『学び合い』をやり始めて、風通しって何だろうと思ったときに、子どもたちの中のコミュニケーションが隅々まで行き渡っているか、誰とでも話せているかなど、コミュニケーション量にすごくこだわっているところがあります。

菊地(紗)　私は、学級開きをする際に「みんなが楽しいクラス」にしたいと話します。自分だけ、あの子だけ、ではなく、全員が楽しいと感じられるようにしたい。『学び合い』とは、周りのみんなのことを考える

第3章

＊1　輪になって「子どもが自分たちで話し合い、クラスの問題や個人の問題を解決していく」活動（赤坂真二編著『いま「クラス会議」がすごい！』学陽書房）。アドラー心理学の「共同体感覚」の思想が根底に流れている。

という点でつながっている気がします。教師としては……「1人1人をちゃんと愛したい」と思っていますね。

一同　ええ〜っ、すごっ（歓声）

寶森　いいですねえ、「楽しい」は大前提ですね。加えて、私が学級経営で大切にしているのは、いろんな出会い。失敗、多様な考えや違いに出会わせることです。

高橋　例えばどういうことをするのですか？

寶森　例えば、出会いに関して言えば、菊地南央さんがいろんなゲストティーチャーとコラボして授業実践をされているように、多様な大人や世界に触れさせることなどです。子どもたちの環境によっては、出会う大人が自分の親と学校の先生だけという場合もありますからね。失敗に関しては、教師が入りすぎないことです。ケンカの仲裁の場面（第2章「子どもを信じてトラブルに対応する」64〜65頁も参照のこと）だったり、失敗させないように必要以上に準備したりなど。実社会に近い自然の中で発生する出来事を大事に経験させたいですね。

菊地(南)　阿部さんと書いた本（阿部隆幸・菊地南央著『学級経営が主役のカリキュラム・マネジメント−キャリア意識を育むコラボレーション授業の実践−』学事出版、2019年）の対談でも言いましたけれど、人生の実験室が教室であってほしいという思いがあります。教室が、失敗前提の場所であっていいかなと思います。

学級経営を進める上での順序性、序列、優位性はあるのか

阿部　皆さんから出た安心・安全、居心地のよさ、自然体、失敗の経験などは順序性がありますか。「プロジェクトアドベンチャー（PA*2）」などでは、「コンフォートゾーン（Comfort zone）」（安心・安全の空間）

---

*2　さまざまな冒険活動（アクティビティ）に、チームで挑戦することを通して、仲間との信頼関係や自分との対話、失敗や成功体験を繰り返し、人としての成長を図る教育。日本では、1995年にプロジェクトアドベンチャージャパンが発足し、プログラムの普及等の活動を行っている。詳しくは、HP（http://www.pajapan.com/）を参照のこと。

「ストレッチゾーン（Stretch Zone）」（チャレンジする空間）「パニックゾーン（Panic Zone）」（混乱状態の空間）といった分け方をよく耳にしますが、例えば、最初から違いに出会わせるのもいいのでしょうか。

前田　自分は、そこはあまり丁寧ではありません。集団の中では、摩擦はおきるものです。例えば、学級目標をつくるときでも、毎朝のクラス会議でもいいですが、小さな衝突は起こります。そこを先回りして起こらないようにすると、子どもたちは摩擦に弱くなりますよね。小さな摩擦は日常的に起こります。「こういうこともあるよね」としていきます。偶発的な日常で起こるので、自分の中でぐちゃぐちゃに進める感じがあります。これが結局は、「コンフォートゾーン」のようなものをつくっているのかもしれません。僕は結構成り行き任せと言いますか、起こることを受け止めていく感じです。

井出　4月5月ってクラスをギューッとまとめようとする時期ですよね。でも僕は4月に「みんな違うじゃん。だからあなたがしたいこととみんながしたいことは何か、それぞれがどうなりたいのか、願いをもとうね」と言います。どちらかと言えば、崩すことから始めていますね。若い頃は摩擦が起きないクラスがいいクラスだと思っていました。とにかく4月5月にメチャメチャ力を入れて、喧嘩のないいじめのないクラスをつくろうみたいなね。

阿部　若い先生たちが余計、迷ってしまうようなコメントをありがとうございます（笑）。「黄金の3日間[*3]」や「3・7・30の法則[*4]」という言葉があります。学年初めの3日間、1週間、1ヵ月間のまとめ方のコツや考え方、技術のことですね。一方で、最近では「誰にとっての『黄金の3日間』なのか」といった問いに代表されるように、子どもを飼いならされた猫にさせてしまうための3日間ではないのかという批判

*3　新学期の最初の3日間で学級のしくみをしっかり作ることが1年間を成功に導くとし、教育技術の法則化運動代表（当時）の向山洋一氏が提唱。詳しくは、向山洋一『最初の三日で学級を組織する』（明治図書）等を参照のこと。

*4　向山洋一氏の「黄金の3日間」に修正、発展を加える形で、最初の3日間、1週間、1ヵ月での学級集団づくりを提案。詳しくは、野中信行『学級経営力を高める3・7・30の法則』（学事出版）を参照のこと。

を耳にします。子どもたちとの関係性の構築を心配する先生にとっては、3日間で自分のやり方に、方向を向かせたいという気持ちがあり、仕方がないところもあると思います。どう考えますか。

大内 前田さん、井出さんに共感で、僕も最初に固めることはしていません。いい意味でゆるく、どしっと構えています。子どもたちには自由であってほしいです。

菊地(紗) 私はまだ経験が浅いですが、初任の頃も、「黄金の3日間で固める」という話には、憧れをもたなかったですね。子どもたちには、はじめから上手くやれることよりも、失敗したときに自分たちで解決できること……つまり、その過程を大事にして欲しいと思っています。

うまくいく学級経営とうまくいかない学級経営の違いは何か

小島 自分は固める年もあれば、多様性を尊重する年もあり、やはり子どもたちの実態によってかなり違います。自分の周りは多様性を認めている若手教員が多いのですが、うまくいっていない学級を結構聞きます。多様性を取り入れたとき、うまくいく、いかないの違いは何なのでしょう。ここがわからなくて固める年があるのだろうと思っています。

高橋 若手教員は、失敗とか学級経営が崩れたといった概念を最初から感じることはないのではないかと思います。毎日の体験が新鮮で、クラスの実態を客観的に把握するまでの時間はないと思います。大学時代の授業では、隣の人と会話をしたり、ワークショップをしたり、スマホを使って調べ物をしたりしていますので、学級でのペアトークや立ち歩きの授業にも違和感はないと思います。でも、他の先生の授業を見たり、アドバイスを受けたりする中で、自分の授業を否定するようになって、自分の学級は上手くいっていないとか崩れているとかネガティブなほうにどんどん進んでしまい、自分らしさが失われていくように感じます。

阿部 ん？ それは本当に崩れているということですか。それとも、その先生の頭の中だけのことですか？

高橋 多数派の意見に寄るということですね。この先生のこの授業がい

いって言われれば、その先生の授業や考え方に影響されるわけです。

阿部　良し悪しの判断は、子どもたちじゃなくて、先生ということですね。高橋さんの話がわかるという人はいますか。（高橋さんを含めて同年代が3人挙手。いずれも20代）少なっ！　その世代にはわかるのですね（笑）。

千守　何がいいかを判断するのは、子どもだと思います。まず、授業中に静かに話を聞いて先生の発問にパッと手を上げて、そこできちんと意見が言えるクラスがよい学級かどうかは疑問です。

海老澤　この本で大切にしている『学び合い』の「あり方」を私たち教師がしっかりもっていれば、先生がきっちりやろうが子どもに自由にやらせようが、いい学級をつくれるのではないかと考えます。トラブルがあったとしても、教師があり方をしっかりもっていれば、そこで適切な声かけや子どもを生かすような働きかけが自然にできるのではないかと感じています。

千守　「あり方」は子どもに伝わりますよね。だから厳しくあろうが面白かろうが優しくあろうがその芯になる部分が子どもに伝わっていれば最終的にはまとまったクラスになっていくと感じます。

前田　皆さんの「あり方」はいったいどこでできたと思いますか。

紺野　初任の頃は、今やっている指導が、どんな力の育成につながるかなど全くわからないので毎日不安でした。歳を重ねていろんな方と出会う中でできるようになった気がします。

前田　それは周りの先生のことですか。

紺野　大学時代の友人とか恋人など全部含めてだと思います。

阿部　今の話が正しい方向性だとするならば、経験を重ねないとよりよい学級経営はできないということになりますね。そうなると大きく2つの問題が生じると思うのです。第1は初任者や若手にはよりよい学級経営は無理だということです。第2は経験を重ねてもよりよい学級経営ができない先生がいるのはどうしてかということです。ここにいる一番の若手は菊地紗也子さんですね。どう思いますか。

菊地(紗)　自由に過ごす学級がいいなと思って、ゆるゆるやっていたと

きがあります。その結果、声の大きい人がのさばり、真面目にやっている人が損をするクラスになりました。それに気づいたのは「Q-U テスト*5」がきっかけでした。自分の自由が他人の自由を侵害していないかという点で今は判断しています。

久能　教師が子どもの話を受容して聞けるか、そして、子どもたちが人の話を聞ける集団になっているかが大切だと思います。だから若手でもできる人はできるし、年配でもできない人はできないのは多分そういうことだと考えます。子どもたちは、話をちゃんと聞かない先生には何も訴えてきません。子どもたち同士もお互いに語り合えるような関係じゃないと信頼し合うことはできません。こうしたことから、私は互いに話を聞き合える集団づくりを心掛けています。

大釜　今の自分の「あり方」でいいんだなーって思えるようになったのは、大人になった教え子と再会してからです。僕が当時、ガミガミ言っていたこととか、これ、やれないとまずいぞって思っていたことが大人になってもその子、全然治っていないんです。

一同　（笑）。

大釜　社会に出ていっても、彼らは通用するんだなとわかってからはすごく肩の力が抜けました。

菊地(南)　自由を認める学級の中でうまくいく若手とうまくいかない若手がいるという話がありました。ベテランでも同じですが、僕は責任をどれだけ子どもたちに委ねて、かつ自分も責任をとれるかどうかの違いだと思っています。うまくいかない先生は自身が全ての責任をかぶってしまっているのです。僕はもし何かトラブルが起きたら、一緒に謝りますし、やってしまったことの責任は最後の最後まで一緒にとります。子どもにもとらせます。ゆるい先生は甘いわけではありません。甘さと寛容さっていうのは全然違うと思います。寛容な中でも人としてお互いに

＊5　早稲田大学の河村茂雄氏が開発した学級分析尺度。「いごこちのよいクラスにするためのアンケート（学級満足度尺度）」と「やる気のあるクラスをつくるためのアンケート（学校生活意欲度尺度）」から構成されている（『授業づくりネットワーク』No.36「学級崩壊を問う！」13頁）。

責任を取り合います。任せた教師も任せられた子どももその環境を構築できれば、主体性を尊重することはうまくいくと思いました。

渡邉　「『学び合い』が機能する」と考えたとき、久能さんがおっしゃった「話を聞く」は絶対かなと思いながら聞いてました。今、私が教科専科で関わっている学級が3学級あります。話が聞ける学級では、すぐに友だちと関わろうとする姿が見えたり、わからないって聞ける姿が自然と出てくるのです。

清野　菊地南央さんが話した「責任」にずっと引っかかっています。『学び合い』をしていると子どもたちに委ねすぎて放任かもしれないと思うときがありました。でも最後まで責任をもてるかが学級経営につながります。

菊地(南)　先生は自分で教えてしまえばよいので、責任をもたせないことがラクなんです。僕が、なぜ「今ここ」に責任をもちたがり、子どもに責任をもたせたがるかというと、子どもたちが社会に出た後は教師は責任がとれないからです。だから学校生活の中で責任を共有するというスタンスを取ります。

海老澤　僕は子どもをしっかり見届けることがとても大事だと思っています。見届けているから価値づけや称賛ができます。もちろん見届けているからこそ自由に学びを進めても、子どもに放任するのではなく、適切に支援したり指導したりできます。以前、一緒に学年を組ませていただいた先生で、子どもたちからとても信頼されている先生がいらしたのですが、その方は子どもたちの良いも悪いもちゃんと見届けて声かけをされていました。厳しい先生という評判もあったのですが、学級では子どもたちは自由な雰囲気で学び合っていました。子どもたちのことをよく見ているので、がんばった分褒めてくれるし、ダメなことをしている人たちがいたら、ちゃんと指導もしてくれるし、だからこそみんなが安心して自由に過ごしていられたのだと思います。見届けることをできる先生が『学び合い』を成立する学級をつくれる、とその先生の姿を見て感じました。

久能　責任という話と見届けるという話に大変共感します。責任は各自

が負う。例えば学習でしたら、目標達成するためには、どういう方法でやったらよいのかという責任がつきまといます。もちろん、学習だけではなくて、学級経営の中でも係や当番活動など、各自が責任をもって役割を果たそうとする場面があります。それに対して、担任の先生は裁量を与える自由度とでも言いましょうか、この範囲の中でやっていいと子どもたちに任せることがあります。このように責任を分担して活動を任せた際には、教師は適切に評価したり称賛したりするなど、地道にフィードバックを積み重ねていくことが重要なんだろうなと思います。

阿部　『学び合い』の考え方の1つに「子どもたちは有能である」があります。『学び合いの仕組みと不思議』（西川純著、東洋館出版社、2002年）という本に、たぶん「子どもたちは有能である」の発見の様子だろうと思われる場面が書かれています。話し合い活動に慣れていない子どもたちにテーマを与えて自由にグループでの話し合い活動を繰り返し経験させていくと、大まかに言えば「無関心ケース→強制ケース→安易な合意ケース」と展開すると言います。無関心ケースとは、テーマと無関係な話をするなどそもそも興味関心がないので発話数も少ないです。強制ケースとは、互いの経験や知識を強制的に排除、または無視をします。断定的な言い方になります。安易な合意ケースとは、経験や知識の交換はあるのですが、表面的で意見の対立を避けて同調して安易に合意する姿が見られるものです。私たちが子どもたちの話し合いに求めるのは、「経験交換ケース」というもので、経験や知識を互いに説明し合い、交流し、納得するまで対話を続けるようなものをイメージしています。しかし、子どもたちだけにグループの話し合い活動を自由に任せる、つまり放任するだけでは、ほぼ「経験交換ケース」には発展しません。しかし、「自己モニター」という方法を取り入れることで「経験交換ケース」に発展することをこの本では発見します。「自己モニター」とは、自分たちのグループの会話を録音（当時はカセットテープレコーダー）しておいて、教師は何も価値や意義、意図を伝えず「聞き返す」ことだけを求めるのです。これを何度か続けるだけで、グループの話し合い活動に「経験交換ケース」が出現します。子どもたちは、話しすぎている

自分、一方的な自分、全然話さない自分などに気づく力をもっているということ、つまりメタ認知の力をある程度もっているし、それを用いる機会をつくれば発揮できるということをこの本は示しています。私なりの整理と発展ですが、例えば「話を聞くこと」は、客観的な立場で見ることが子どもたち自身でできるし、「あり方」では先生の言葉と行動が矛盾していないかの判断を子どもたちは感覚的にできると感じています。

鈴木 とても興味があります。東京学芸大学の高尾隆先生がインプロ（即興演劇）の世界で行われるリフレクションについて話していたこととつながりました。テニスコーチの W.T.ガルウェイが『インナーゲーム』で示した、「セルフ1」「セルフ2」という2つの自分がいるという考え方に基づくものです。「セルフ1」は意識的で、命令する自分、「セルフ2」は無意識的で、実行する自分です。例えば、演劇の様子を動画に撮影した後でそれをただ見て、その演劇を作り直すということをよく行うそうです。このとき、見るだけで「セルフ2」は自動的に修正する力があるので、「ただ見る」ことを心がけるというのです。説明したり書いたりはしません。そうすると「セルフ1」が活性化し、見方がゆがみ、ありのままに見なくなってしまうというのです（詳しくは、『授業づくりネットワーク』No.31「リフレクション大全」学事出版、2019年を参照のこと）。学級で話し合い活動をするときも、45分間動画で記録して、45分間子どもたちと動画を見続けて特に言葉を交わさず終わり、そして次に話し合い活動をすると、すごく上達するのを感じるときがあります。

大内 この本でも動画に関連した原稿を2本くらい書かせてもらいましたが、メタ認知する機会をつくるという点は共感できて、こちらが言い過ぎないおせっかいになりすぎないように見せてあげる機会をつくるのは大事だと思います。「『学び合い』が機能する学級経営」と考えたときに、教師として選択肢と選択権を与えてあげることが機能する面で必要だと思いました。

阿部　この本の第2章では60の事例を挙げて書いてもらっています。最初に、皆さんからたくさんの場面（全部で138場面）をGoogle スプレッドシートに挙げていただき、その後、Slack やZoom で話し合いを重ねて60の場面に絞っていったわけです。また、原稿を書くにあたっても執筆者全員が共有できる GoogleDrive を設けて、そこにその都度原稿をアップロードし、共同編集機能を用いて互いにコメントを入れたり、定期的に5回の Zoom での話し合いを重ね合って原稿をブラッシュアップしたりして、ほぼ1年間かけてこの本を完成させた形になります。この場面選定のところや執筆していく中で何か

図2　Slack の画面

図3　共同編集画面

エピソードはありますか。

高橋　書いていたときと今とではまた違う自分に出会えているのがなんか楽しいです。同じテーマで書いたら変わりそうだなっていう……（笑）。

鈴木　書き直したら？（笑）。まだ大丈夫だから（笑）。

高橋　考え方が変わっているわけではないのですが、言葉のニュアンスだったり方法というところはなんだか変わりそうかもしれません。

井出　僕は皆さんの原稿をいつも読ませてもらって、コメントを書くときに気づいたのですが、皆さんの実践原稿は、動詞につく主語が全部子どもなんです。それがとても衝撃でした。僕は子どもをちゃんと主語にできていたかなと思うところがありました。菊地南央さんが責任をとらせると話したのもそうでしたが、この原稿を書いていて自分がわからなくなってきたのが主体的という言葉です。僕は今まで主体的な子どもではなく、意欲的で積極的な子どもを育てていたのかな。まるで「孫悟空」。お釈迦様の僕の手の上で孫悟空をどこまで遊ばせているかっていうレベルだったのかもしれません。本当に目指したいのは主体的なんです。でも主体的は怖いですよね。菊地南央さんの話を聞いて思いましたが、おしりは自分で拭かなきゃなりません。そういう子どもを育てていたのかという自問です。

千守　最初に Slack で、「学級経営の場面をとりあえずダーッとあげて」と阿部さんが言ったときに、ここにいる皆さんを通して自分が学びたいという気持ちがありました。無責任に皆さんだったらどうするのかな、と本当に困っている場面を挙げました。実際にお会いしたことはない方ばかりなんですけど、信頼して投げられた感覚です。

渡邉　やはり先生方が見てる目線って、とっても素敵だなと思います。この本を読んでくださる若手の先生方や学級経営などに悩んでる先生は子どもたちを主語にした姿を読んでもらうことで、何か感じるところがあるのではないかと思いました。

寳森　私はここに集まっている皆さんが 1 つの教室のように思えています。阿部さんが担任の先生で、私たち執筆者は子どもたち。『学び合い』

の考え方の中だと、こういう感じ方をするんだろうなぁと、居心地よくやらせてもらいました。例えば、どの原稿を書くか、どんなタイトルにするかなど、みんなで話し合い、選択できる場面がありました。みんなでコメントしながら、みんなでつくっていく居心地のよさを体感できました。

大釜　僕は原稿を４本書かせていただきました。なんだか４人の子に書いているような、あの子あの子あの子あの子みたいななんか強烈にその１人の子をイメージしながら書きました。その子との思い出をじっくり振り返らせていただいて、すごくいい機会でした。

前田　学級が学び合うのも私たちがここで学び合うのも同様に、もっと職員室の同僚とか年齢や経験とか立場も関係なくつながっていけるっていう感覚を僕たちが味わうのと、子どもたちが味わうのも一緒なんだろうなって感じました。この本の中に、原稿の中に、一緒に本を書いた楽しさがにじみ出ればいいなと思います。私も会ったことのない先生方と原稿を書き合って、お互いが「なるほど」というプラスになれるコメントが入れられるかなとか、自分がもらったコメントをどのように受け入れて原稿に反映しようかな、などと考えたり、いかに相手を尊重する気持ちをもつかを考えたりしていました。職員室の中も学級もそうあってほしいと考えながら大人もがんばらなきゃと思います。

菊地(南)　大人もがんばることと、主体性とは何か、ということに関してです。子どもに主体的になってもらいたいっていうときに難しいのは、子どもに目的をもたせることです。ゴール（目的）がないと、大人が知っている、正解のような固定観念にひっぱられると思います。僕の中では、『学び合い』とキャリア教育は密接です。社会に出たときに僕たちはどう生きていくんだろうっていうところをきちんと意識しない『学び合い』は僕の中ではありえません。

「進め方」「考え方」「あり方」というフォーマットに関して

阿部　私から皆さんに提案した「進め方」「考え方」「あり方」という原

稿フォーマットに関しても何か感じていることがありましたら、お願いします。

鈴木 最初にフォーマットをもらったとき、僕は「あり方→考え方→進め方」というように逆から考えていったほうがぶれない原稿になると思って書きました。そうしたときに、自然に自分の大事にしているものって何かなと見つめ直す機会になりました。前々回の Zoom での話し合いで、小島さんが未だに「考え方」と「あり方」の境界線が難しいと話してくれたときのことです。そのとき僕が言った「考え方はかっこつけちゃう自分で、あり方は自然な自分と考えるといいよ」という一言は、なんかすごかったですよね！僕もスッキリしましたし。

一同 （爆笑）。自画自賛！！！

小島 「あり方」って難しいですよね。次元が違う感じがします。普段自分がどうあるかということを俯瞰することが少ないのも原因かもしれません。それから、それが本当に「あり方」なのか、それとも「そうありたい」と思う自分なのか、という区分けが難しいです。「あり方」を書きながらもそうあれているかはまた別だなと思って、ぐるぐるしている自分がいました。

前田 鈴木さんの書き方は、読み手の読み方の１つになりますよね。このように読めますということだと思います。自分も「あり方」まで自分の中で掘り下げたり、読んだりするのはすごく面白くて自分の中に発見がありました。

鈴木 事例紹介のページを「進め方→考え方→あり方」と前から最後まで読んだ後に、今度は後ろから「あり方→考え方→進め方」と読み直すことで新しい発見ができる画期的な本かもしれません。これ本当に、冗談じゃなくて。

一同 （爆笑）。

鈴木 マジでマジで。

大内 いや、ほんとうわかる。

前田 授業とか学校の中で進めるときも方法や進め方に注目することがすごく多いんですね。やればやるほど形骸化してしまって。でもその人

が何を考えているのか、どうありたいのかを受け取っていくことは、すごく大事だと思います。「進め方」「考え方」「あり方」とすることで、皆さんもこういうふうに考えているんだとか、こういうふうに立とうとするんだみたいなところがわかってくるところは普段見えないことですし、実践のハウツーでは見えないところだからすごく面白いなぁと思います。

海老澤　「あり方」について考えて本当によかったと思うことがあって。今年はコロナ禍で色々と教育活動に制約があって、そのような中で、「これでいいのか」と迷うことがたくさんありました。でも、この原稿を書いていたおかげで、まず教師としての「あり方」をちゃんと確認して、子どもたちにとって一番大切なことは何かをしっかりと考えることができました。まず「あり方」から考えてみることで、「自分がやろうとしていることは、子どもに教師の価値観を押し付けてしまうかもしれないな」とか、子どもの思いを尊重すべきなのに、コロナ禍のせいにして方法論ばかり考えてしまっていたなということに気づかされることがありました。原稿を共同編集する中で、学校現場で迷ったり悩んだりしたときに、「自分が考えていること、やろうとしていることは大丈夫なんだな」と、皆さんの原稿が後押ししてくれたこともありました。皆さんと考えを共有できたことが、現場で子どもを指導するときの安心感にもつながった気がします。

千守　「あり方」って自分がどうかと、教師が主語になりますが、その「あり方」をいくら自分がもって、子どもにぶつけていったとしても適切な「進め方」がないと、子どもって変わっていかないなというのをすごく感じます。自分はこうあるんだっていう「あり方」はあるんですけど、「考え方」「進め方」となっていくにつれて、子どもとどう関わっていくかとか子どもがどのように感じてくれるかなど相手がちゃんと見えてきます。だから「あり方」は常に変わりませんが、「進め方」は場面や子どもの様子によって変わってくると今回すごく感じました。

渡邉　「あり方」を読むことで、読者が自分の拠りどころとなるようなものが見つかるとうれしいです。「あり方」も多様だということに気づ

166

いたのも楽しかったです。

大内 「あり方」が書けて、すっきりして、自分のこの「あり方」に気づいたときにこういう「考え方」のほうがいいのかなと改めて考えてしまいました。その後、「進め方」も訂正したりして、とてもスッキリしました。自分の一本通ったものが見えた感じです。それがわかると学級経営がうまくいったり、『学び合い』がしやすくなったりするのかなと、書きながらすごく思っていました。

高橋 大内さんの話に重なりますが、5年生を2年連続で担任していて、去年の5年生と今年の5年生は色が違うので、「あり方」は変わらないのですが、「進め方」を変えたくなるのだとわかりました。

紺野 「進め方」を書く中で、このときこういう指導をしたのは、こういう「考え方」だったのだと気づき、それは僕のこの「あり方」の部分なんだと再認識した原稿がありました。僕のこの部分がここにつながっているという発見は感激でした。この座談会の最初の頃に皆さんが話をしていた安心感や、心地よさなど、一言では語りにくい自分の深層が何かがわかってくるのが「あり方」だと思います。

阿部 読者の皆さまにも「進め方」「考え方」「あり方」というフォーマットに注目していただきながら、ご自身の実践の「進め方」「考え方」「あり方」を見直し、この本をご自身の日常的な学級経営や実践に役立ててもらえたらうれしいなと思います。本日は、皆さん、ありがとうございました。

一同 ありがとうございました。

第3章

参考図書・資料一覧

　今回、本書を書き進めるにあたり、18人の執筆者が主に実践の参考にした図書・資料を以下に紹介しておきます。本書の内容をより深く理解するための材料としてご活用ください。

阿部隆幸・菊地南央『学級経営が主役のカリキュラム・マネジメント〜キャリア意識を育むコラボレーション授業の実践〜』学事出版、2019年。

高橋尚幸『時間割まで子供が決める！ 流動型『学び合い』の授業づくり』小学館、2020年。

五十嵐哲也・杉本希映『学校で気になる子どものサイン』少年写真新聞社、2012年。

C.A.トムリンソン著、山崎敬人・山元隆春・吉田新一郎訳『ようこそ，一人ひとりをいかす教室へ「違い」を力に変える学び方・教え方』北大路書房、2017年。

水落芳明・阿部隆幸『成功する『学び合い』はここが違う！』学事出版、2014年。

水落芳明・阿部隆幸『だから、この『学び合い』は成功する！』学事出版、2015年。

水落芳明・阿部隆幸『開かれた『学び合い』はこれで成功する！』学事出版、2016年。

水落芳明・阿部隆幸『これで、国語科の『学び合い』は成功する！』学事出版、2018年。

水落芳明・阿部隆幸『これで、社会科の『学び合い』は成功する！』学事出版、2018年。

水落芳明・阿部隆幸『これで、算数科の『学び合い』は成功する！』学事出版、2018年。

水落芳明・阿部隆幸『これで、理科の『学び合い』は成功する！』学事
　出版、2018年。

水落芳明・阿部隆幸『これで、小学校外国語の『学び合い』は成功す
　る！』学事出版、2018年。

阿部隆幸・ちょんせいこ『『学び合い』×ファシリテーションで主体
　的・対話的な子どもを育てる！』学事出版、2017年。

ちょんせいこ『ちょんせいこのホワイトボード・ミーティング クラス
　が落ち着く‼低学年にも効果抜群』「教育技術MOOK」小学館、2015
　年。

ちょんせいこ・岩瀬直樹『よくわかる学級ファシリテーション②子ども
　ホワイトボード・ミーティング編』解放出版社、2011年。

ネットワーク編集委員会『授業づくりネットワーク』No.32「学び手中
　心の授業の始め方」学事出版、2019年。

西川純『クラスが元気になる『学び合い』スタートブック』学陽書房、
　2010年。

甲斐﨑博史『クラス全員がひとつになる学級ゲーム＆アクティビティ
　100』ナツメ社、2013年。

赤坂真二『赤坂版「クラス会議」完全マニュアル　人とつながって生き
　る子どもを育てる』ほんの森出版、2014年。

赤坂真二『クラス会議入門』明治図書、2015年。

諸富祥彦監修・森重裕二著『１日15分で学級が変わる！　クラス会議パー
　フェクトガイド』明治図書、2015年。

文化庁『文化部活動の在り方に関する総合的なガイドライン』2018年。

おわりに

　本書の企画と執筆は、令和2年の1月からスタートして、ほぼ1年をかけて完成させました。私を含め18人の執筆者がいます。執筆者の皆さんから強調されたのが「本書の執筆過程そのものが『学び合い』だった。ぜひ、どこかにその様子を書いてほしい」ということでした。巷には本書同様、多数の執筆者のもと1冊の本がつくられているものがあります。できあがりこそ執筆者の共同作品として見られますが、内実は各執筆者同士のつながりはなく、編集者と執筆者だけが個別につながっているというものが多いと思われます。

　私は本書を著すにあたり、1つ1つ執筆者同士の合意形成を図りながら進めたいし、ぜひとも本書の執筆を通して横のつながりができたらうれしいと考えました。そこで執筆者同士が直接やりとりできる仕組みを設けようと考えました。加えて、場を設けても誰も交流し合わなければ意味がありません。常時交流できるようにしたいと思いました。

　私のブログ等に時間があれば詳しいことを書きたいと思いますが、協力してくださった執筆者への御礼をこめて、ここで執筆過程の「さわり」を読者の皆さまに紹介しておきます。以下のような感じです。

　1つは、Slack の活用です。Slack とは閉じた SNS とでも言いましょうか、PC 主体で使えるグループ LINE を便利にしたサービスというイメージです。ここで日常の情報交流を行うようにしました。いつでも情報提供、質問、ファイルのアップロード、ダウンロードができます。

　2つは、Google サービスの活用です。主に、GoogleDrive（共有ドライブ）と Google スプレッドシートを活用しました。Google スプレッドシートは Google のオンライン表計算アプリ（Excel のようなもの）です。執筆者の書いた原稿を GoogleDrive の共有フォルダにアップロードしてもらいました。Google の各種サービスは協同編集機能があります。互いの原稿を読み合えると同時に、特定の文節、文章にコメントを付け合うことができます。ただし、そのまま「GoogleDrive を見てくだ

さい」という指示では皆さんに伝わりにくいです。Google スプレッドシートに原稿の見出しを書き出し、その見出しをクリックすると GoogleDrive にアップロードしてある原稿を閲覧できるようにしました。GoogleDrive と Google スプレッドシートを連動させることで見やすくなりました。本書はこうして多数の仲間からもらったコメントをもとに、何度も書き直してできあがりました。

3つは、Zoom の活用です。コロナ禍でオンライン会議や授業が一般的になる前の1月から約2ヵ月に1回、計5回ほど、Zoom ミーティングを行いました。第1回目は、原稿を書くにあたっての共通理解と今後の執筆計画の確認でした。私が書いたモデル原稿をもとに執筆者たちが同時に話し合い、考え方の共有が促進できました。2回目以降は、その都度の原稿執筆状況の確認と書き進める中で困っていることの共有と解消を行いました。

実は、執筆者同士まだ直接会ったことのない人たちがいます。それでも、各原稿を読むと各自の特徴を生かしながらも根本は通底しているように読めます。これらのやりとりが生きているからです。

最後の Zoom ミーティングのとき、ある執筆者が「本書の内容を疑似体験しているようでした。阿部さんが学級担任で私たちが児童生徒で、『学び合い』が機能する学級経営を体感させてもらったように思います」とおっしゃってくださいました。もし、それが本心でしたら望外の喜びです。今回も、私たちの書きたいことを書きたいように任せてくださった校長先生、いえ、学事出版の加藤愛さんに心より感謝いたします。

令和3年2月　　　編著者　阿部隆幸

〔編著者紹介〕

阿部隆幸（あべ・たかゆき）

1965年福島県生まれ。上越教育大学教職大学院教授。NPO法人「授業づくりネットワーク」副理事長。主な著書に『『学び合い』×ファシリテーションで主体的・対話的な子どもを育てる！』『学級経営が主役のカリキュラム・マネジメント』『成功する『学び合い』はここが違う！』（以上、学事出版）『全単元・全時間の流れが一目でわかる！365日の板書型指導案』『授業をアクティブにする！ 365日の工夫 小学1年』（以上、明治図書）などがある。

〔著者紹介（五十音順）〕＊執筆当時

井出 祐史（埼玉県川口市教育委員会 教育総務部文化財課 郷土資料館）
海老澤成佳（埼玉県川口市立本町小学校）
大内 秀平（宮城県公立小学校）
大釜 拓（福島県福島市立北沢又小学校）
菊地紗也子（福島県郡山市立日和田小学校）
菊地 南央（福島県田村市立要田小学校）
久能 潤一（福島県公立小学校）
小島 貴之（東京都小平市立小平第二小学校）
紺野 悟（埼玉県戸田市立戸田第一小学校）
鈴木 優太（宮城県公立小学校）
清野 弘平（宮城県公立小学校）
高橋 恵大（宮城県仙台市立南材木町小学校）
寳森 公喜（宮城県仙台市宮城野区まちづくり推進部 宮城野区中央市民センター）
千守 泰貴（埼玉県川口市立鳩ヶ谷小学校）
前田 考司（新潟県十日町市立千手小学校）
和賀 健（宮城県公立小学校）
渡邉 拓（福島県石川郡平田村立小平小学校）

『学び合い』が機能する学級経営
進め方・考え方・あり方で示す60の事例

2021年4月16日　初版第1刷発行

編著者──阿部隆幸

発行者──花岡萬之

発行所──学事出版株式会社

　　　　〒101-0021　東京都千代田区外神田2-2-3
　　　　電話03-3255-5471　http://www.gakuji.co.jp

編集担当　加藤 愛　装丁　岡崎健二　イラスト　喜多啓介
印刷製本　精文堂印刷株式会社

ISBN978-4-7619-2714-1 C3037